中华传统美德百字经

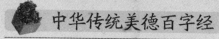

情·夫妻情笃

于永玉 张 丽◎编

U0095414

　　一段历史之所以流传千古,是由于它蕴涵着不朽的精神;一段佳话之所以人所共知,是因为它充满了人性的光辉。感悟中华传统美德,获得智慧的启迪和温暖心灵的感动;品味中华美德故事,点燃心灵之光,照亮人生之路。

天津人民出版社

图书在版编目（CIP）数据

情：夫妻情笃 / 于永玉, 张丽编. —天津：天津
人民出版社，2012.6
（巅峰阅读文库. 中华传统美德百字经）
ISBN 978-7-201-07603-4

Ⅰ. ①情…　Ⅱ. ①于…②张…　Ⅲ. ①品德教育－中
国—通俗读物　Ⅳ. ① D648-49

中国版本图书馆 CIP 数据核字 (2012) 第 133042 号

天津人民出版社出版

出版人：刘晓津

（天津市西康路 35 号　邮政编码：300051）

邮购部电话：（022）23332469

网址：http://www.tjrmcbs.com.cn

电子信箱：tjrmcbs@126.com

永清县晔盛亚胶印有限公司印刷　新华书店经销

2012 年 6 月第 1 版　2012 年 6 月第 1 次印刷

690×960 毫米　16 开本　10 印张　字数：100 千字

定价：19.80 元

中国是一个具有悠久历史和灿烂文化的文明古国，也是举世闻名的礼仪之邦。在历史的长河中，中华民族创造出了绚丽多彩的物质文化和精神文化，为人类的发展和进步做出了重要贡献。其中，中华民族的传统美德被大家代代传承。

那么，什么是传统美德？什么是中华民族的传统美德呢？通常来说，传统美德就是在自觉或习俗的道德规范中，一些被大多数人所接受并实际奉行的，而且在现代仍有着积极影响的那些美德。具体到中华民族传统美德，概括起来就是指中华民族优秀的民族品质、优良的民族精神、崇高的民族气节、高尚的民族情感以及良好的民族礼仪等，是中华民族在历史实践过程中积累而成的稳定的社会优秀道德因素，体现在人们生活的方方面面，涉及政治、经济、文化、意识等领域，并通过社会心理结构及其他物化媒介得以代代相传。

前 言

经过长期的历史沉淀，中华传统美德已融入到中华民族的思想意识和行为规范中，成为社会道德文化的遗传基因，成为整个中华民族文化的精神内涵，也是中华五千年文明史的精髓所在。继承和弘扬中华民族传统美德，可以振奋民族精神，增强民族自尊心、自信心、自豪感和凝聚力，使社会主义道德规范具有更丰富的内涵，让社会主义、集体主义、爱国主义思想等更加深入人心，成为社会主义文化的主旋律。同时，还可以更好地协调人际关系，促进社会主义市场经济的健康发展，形成有中国特色的、适应社会发展的价值观和伦理道德规范。

国民的思想道德状况，尤其是青少年的思想道德状况，直接关系着一个国家、一个民族的整体素质，关系着国家前途和民族命运。目前，我国已进入改革发展的新时期新阶段，德育教育的价值和意义更是日渐凸显。大力弘扬中华传统美德，建设社会主义核心价值体系，促进社会主义文化的发展和繁荣，是建设全面小康社会的主要任务，更是实现中华民族伟大复兴的必然要求。因此，党中央非常注重我国公民道德建设，全社会也已形成了加强和改进思想道德建设的新风尚。

　　青少年是国家的希望，是民族不断发展和延续的根本，因此，青少年德育教育就显得更加重要。为了增强和提升国民素质，尤其是青少年的道德素质，我们特意精心编写了本套丛书——《中华传统美德百字经》。

　　本套丛书立足当前公民，尤其是青少年思想道德教育的现实，将中华民族的传统美德归纳为一百个字，即学、问、孝、悌、师、教、言、行、中、庸、仁、义、敦、和、谨、慎、勤、俭、恤、济、贞、节、谦、让、宽、容、刚、毅、睦、贤、善、良、通、达、知、理、清、廉、朴、实、志、道、真、立、忠、诚、公、正、友、爱、同、礼、温、信、尊、敬、恭、恕、责、仪、精、专、博、富、明、智、勇、力、安、全、平、顺、敏、思、积、利、健、率、坚、情、养、群、严、慈、创、新、变、革、争、谏、诲、齐、省、克、竞、求、简、洁、强、律。丛书内容丰富、涵盖性强，力图将中华民族传统美德的内涵囊括进去。丛书通过故事、诗文和格言等形式，全面地展示了人类永不磨灭的美德：诚实、孝敬、负责、自律、敬业、勇敢……

情·夫妻情笃

2

这些故事在中华民族几千年的历史长河中，一直被人们用来警醒世人、提升自己，用做道德上对与错的标准；同时通过结合现代社会发展，又使其展现了中华民族在新时代的新精神、新风貌，从而较全面地展示了中华民族的美德。

在本套丛书中，为了帮助读者更好地理解这些源远流长的传统美德，我们还在每一篇故事后面给出了"故事感悟"，旨在令故事更加结合现代社会，结合我们自身的道德发展，以帮助读者获得更加全面的道德认知，并因此引发读者进一步的思考。同时，为丰富读者的知识面，我们还在故事后面设置了"史海撷英"、"文苑拾萃"等板块，让读者在深受美德教育、提升道德品质的同时，汲取更多的历史文化知识。

这是一套可以打动人心灵的丛书，也是可以丰富我们思想内涵的丛书……《中华传统美德百字经》向我们展示的是一种圣洁的、高尚的生活哲学。无论在任何社会、任何时代，给予人类基本力量的美德从来不曾变化。著名的美国政治家乔治·德里说："使美国强大的不是强权与实力，而是上帝赐予的美德。假如我们丢失了最根本且有用的美德，导弹和美元也不能使我们摆脱被毁灭的命运。"在今天，我们可能比任何时候都更应关心道德问题，尤其是青少年的道德问题，因为今天我们正逐渐面临从未有过的道德危机和挑战。

人生的美德与智慧就像散落的沙子，我们哪怕每天只收集一粒，终有一天能积沙成塔，收获一个光辉灿烂的明天。《中华传统美德百字经》中的美德故事将直指我们的内心，指向人性中善良的一面，唤起我们内心深处的道德感。因此，中华民

3

族的传统美德也一定会在我们的倡导和发扬之下，世世传承，代代延续！

全套丛书分类编排，内容详尽、文字优美、风格独具，是公民，尤其是青少年思想道德建设的优秀读物。愿这些恒久流传的美文和故事能抚平我们每个人驿动的心，愿这些优秀的美德种子能在青少年身上扎根、发芽、生长……

情·夫妻情笃

一切美好的语言都无法形容爱情的伟大，一切优美的音乐都无法颂扬爱情的神圣。

爱情，作为夫妻关系的纽带，是崇高的、神圣的。法国著名作家罗曼·罗兰说："爱情是一种力量，它可以使一个人得到鼓励和激发，而更有创造性，更有冲力，也更爱这个世界。"夫妻间的恩爱是身心的契合，而绝非条件的交换，并不因为一方地位的改变而移情。当然，夫妻恩爱也绝非只有卿卿我我，夫妻需要患难与共，需要相互扶持，更需要相互信任。

在这个物欲横流的社会，爱情正在被人们所遗忘，越来越多的人不相信爱情的存在。尤其是进入21世纪以后，我们在与国际接轨的同时，也接受了外国开放的情感观念。在现代人的思想里，生理的本能需求远比爱情更重要。夫妻间更是缺乏相处艺术，导致离婚率的上升，同时也引发了诸多的社会问题。

构建和谐社会，首先要构建的就是和谐家庭。"有夫妇然后有父子"，夫妻关系是组成家庭的基础，夫妻情笃更是家庭和睦的核心内容。夫妻间如何相处成了一个重要话题，和谐的夫妻关系是爱情的真谛！夫妻关系自然是以爱情为基础的，拥有爱情的夫妻才有幸福美好的一生。

然而，在中国古代纲常礼教的社会，爱情常被视为私情而予以否定。但是夫妻每日的同床共枕，长久的耳鬓厮磨，必然会产生深深的依恋、强烈的吸引以及发自内心的忠诚，这是任何纲常礼教都无法压抑和消灭的美好感情。

爱情是建立在互相尊重的基础上的，没有尊重，谈何爱情？古人梁鸿与妻子举案齐眉，就是相互尊重的一个典型。

爱情不是索取，而是付出。为心爱之人默默地奉献，不仅成就了爱人的事业，而且也成就了家庭的和睦。谈古论今，我们看到，有诸多女性甘愿做男人背后的支持者。

爱情是两个人相互扶持，共同走过风雨，共同经历患难。可以同甘更能共苦的爱情才是伟大的爱情，才是真正的爱情。就像邢丹，明知道丛飞为了资助失学儿童而家境贫寒，还毅然决然地嫁给他；吴晗，在妻子身患重病的时候，仍然和她结为夫妇；魏玉顺为妻子无私地捐出自己的肾……他们在苦难中，依然对爱人不离不弃，悉心照顾，表现出来的爱是那么的伟大！

其实，爱情的真谛就是"美"。夫妻间通过相互的吸引，产生爱情，进而衍化出奉献、感动、珍惜等一系列美好感情。因此说，夫妻保持良好的关系最重要的是保持美感！可以通过各类办法来增加生活的情趣，如李清照与赵明诚就经常比赛写词，看谁的词句更美！

在中华五千年的文明里，产生了很多美丽动人的爱情故事，孟姜女千里寻夫哭倒长城、霸王垓下诀别虞美人、五里一徘徊的孔雀东南飞……这些都集中反映了中国古人对于崇高爱情的追求和向往。

在当今，我们生活在婚姻自由、个性解放的时代，虽然没有了纲常礼教的束缚，但依然有着道德的评判。所以请珍惜你的情感，忠贞你的爱情，夫妻双方共同构建一个和谐美满的家庭。

目录

中华传统美德百字经

ZHONGHUACHUANTONGMEIDEBAIZIJING

中华传统美德百字经

情·夫妻情笃

第一篇

我在你的背后

见识非凡的诸葛亮之妻

◎身无彩凤双飞翼，心有灵犀一点通。——李商隐

> 诸葛亮（181—234年），字孔明，号卧龙（也作伏龙），琅琊阳都（今山东临沂市沂南县）人，蜀汉丞相。三国时期杰出的政治家、军事家。在世时被封为武乡侯，谥曰忠武侯；后来的东晋政权为了推崇诸葛亮的军事才能，特追封他为武兴王。代表作有《隆中对》、《前出师表》、《诫子书》等。

　　三国时期的诸葛亮一生智慧不凡，凡事谨慎，慎行稳重，战无不胜，远扬盛名，名传古今。而他毅然决然地娶了一个丑媳妇——黄硕。这个丑媳妇成为他在生活和事业发展上一个强有力的支柱，不但使他一生出师必捷；无后顾之忧，更重要的是他一生一世都得到黄硕温柔的照顾。诸葛亮和黄硕夫妻情感的亲密，世上恐怕无人可比。

　　诸葛亮出生在琅琊郡，父母早亡，由叔父抚养成人。在天下大乱的时候，他的兄弟姊妹随叔父一起来到襄阳。当时关中混乱，中原鼎沸之际，襄阳是各地达官贵人、商贾士子避难的地方。诸葛亮一家在襄阳城外20里的隆中，以耕种为生。

　　诸葛亮虽"躬耕陇亩"，但他胸怀大志，不但研读史籍，还十分关注当时的政治军事形势。他把自己比作春秋时期的管仲，战国时期的乐毅。待到诸葛亮长到二十五六岁之时，已经是一个才貌出众的青年英杰了，可就是还没有成亲。他根本不把成家当一回事，再说，周围几百里确实也难找一个能与之匹配的姑娘。

　　当时有个博学多才的名士叫黄承彦，比诸葛亮大二十多岁，他们俩结成了忘年交。黄承彦有个女儿名叫黄硕，她五岁时就能熟读《离骚》，口齿非常伶俐，特别惹人喜爱。等长成十八九岁的时候，更是精通"经史百家"，明达"济世治国"的道理。如果给她冠以"渊博"二字，那也当之无愧。只可惜黄硕人长得十分矮小，脸黑得和松烟墨差不多。邻居之中有爱弄嘴舌的，说她是"黄发黑肤"。很快，"黄家阿丑，黄发黑肤"这一句话像山歌一样传扬开了。

　　自从黄夫人去世后，阿丑就一直侍奉在父亲左右，但黄承彦心里着急，害怕误了女儿的终身大事。那一时期，倒有不少人托媒来说亲，但大都是城镇上的小乡绅。他们明知道阿丑身材像水桶，面黑发黄，确实难看，只因为黄承彦是出名的文人，和长安、洛阳、许昌各地的大官都有过交往。如果和黄承彦结成儿女亲家，以后就有靠山了。类似这等说亲的，黄承彦父女都不为所动。

　　诸葛亮的姐姐，蒯家的夫人，想撮合阿丑和诸葛亮，只是不知诸葛亮的心思怎样，便对诸葛亮作了一次试探。诸葛亮看过阿丑的诗文，心里很敬佩她的才华，只是这"黄发黑肤，奇丑无比"的传言还得认真弄清。

　　于是，蒯家的夫人来到黄家大门口，黄承彦恭恭敬敬将她迎到客堂。两人寒暄几句，就说到了阿丑的婚事上了。黄承彦并没有向蒯家的夫人过多地夸耀女儿的才华，反倒说阿丑"女才男貌"的海外奇谈。蒯家的夫人却并没有在意，只是让黄承彦叫出阿丑。

　　黄承彦叫出了女儿，蒯家的夫人将阿丑拉到身边，仔细端详，见她确实不像别的姑娘那样有一头乌油的青丝，而是黄发蓬松，半张脸灰里泛黑。见着阿丑真容，蒯家的夫人惶惑了，禁不住松开手。阿丑本来被看得很难为情，待她松开手后，急忙溜进内室了。

　　黄承彦望着沉思中的蒯家的夫人，不知道她对女儿的印象如何，心想也许她要回去和诸葛亮商量了再定夺，也就没再说话。蒯家的夫人告辞之前，问黄承彦，阿丑对诸葛亮的印象怎么样？

　　阿丑在内堂听见，借父亲之口要诸葛亮再来沔阳一次，以免诸葛亮盼望

着吹箫美人，耽误了他一生。

黄承彦回到客堂，很委婉地表达了阿丑的意思。蒯家的夫人觉得黄家父女考虑很周到妥贴，打算就照这样办。

蒯家的夫人回去把去黄承彦家里的所见所闻原原本本告诉诸葛亮。最后几句话并作一句话说，阿丑确实难看。不过，要论阿丑的才学，在女子中也确实难得。希望兄弟早日动身去拜访黄承彦，免得以后埋怨做姐姐的。

诸葛亮一声不响，静静地听嫂嫂讲完，居然要嫂子来做决定。

诸葛亮向来做事很谨慎，而今对终身大事反而比较马虎，蒯家的夫人困惑不解。

诸葛亮说："她既然恳切地要和我彼此见一面，说明她十分明白自己的长处和短处，所以对流言蜚语也泰然处之。再说她想得这样周密，说得这样圆满，在这件事情上，她的聪明才智更比她的诗文突出得多。对于她的聪明才智我的确不需要再去查考什么了。"

蒯家的夫人虽然觉得诸葛亮的话有些道理，但仍觉得宜事以周到为好，于是耐心地说道："这是一件大事，更仔细一点，没有坏处，否则我对你也不好交代，我成了一手包办了。这怎么行？再说，人家对你也想多知道一些，也想亲自见你一面。这不单是你对人家满意不满意的事。"

诸葛亮被姐姐说得口服心服，收拾了简单的行装，打算当天前去沔阳。

但找一个什么恰当的题目前去，是颇为棘手的。说是探亲和拜师，都不很贴切。最后还是诸葛亮想到了解决难题的妙法。

前些时候，据说刘备、关羽、张飞曾来邀请诸葛亮出山，共图大业。虽然那次他们没有遇到诸葛亮，却再三说明过些时间还要来邀请。如果真的再来，如何对答？何不趁此机会向黄承彦老先生讨教一番，这样就可以和阿丑姑娘互见一面，可谓一举两得。

诸葛亮到了沔阳，拜见了黄承彦老先生。彼此言谈之间，都比过去拘束了些。但由于彼此都诚心要见见面，所以阿丑就没有回避，而叫了声："诸葛先生。"诸葛亮则对阿丑以"姑娘"相称。因为思想上早有了准备，所以对阿丑粗短的身材、焦黄的头发、灰里泛黑的面色并没有感到意外，而是觉得其他方面倒没有什么可挑剔之处了。

　　说到正题，诸葛亮对黄承彦说："此番前来向黄老先生请教，并非草芥小事。刘备、关羽、张飞三人曾来邀我出山，我举棋难定。不知黄老先生高见如何？尚请明示，我可以有所依循。"

　　黄承彦听诸葛亮一说，非常高兴。他说："果然刘玄德他们又来请你，还算他们有眼力。自从徐庶被曹操骗走以后，听水镜先生说起，他曾向刘玄德大力推荐了你。后来我在卧龙岗附近遇到过他们三个，说是来请你的，这已经是半年前的事了。原来他们最近又来过一次。看来倒是诚心诚意的，你作何打算呢？"

　　诸葛亮说："按我自己的心愿，最好是躬耕陇亩，抱膝长吟，以度过这一生。我向来是抱着'苟全性命于乱世，不求闻达于诸侯'的宗旨的。"

　　阿丑早就想说话，这时忍不住插嘴道："现在不是你向诸侯求什么'闻达'，是诸侯来请你出山，完全是两回事。至于'苟全性命于乱世'，也只是这样说说而已，要办到谈何容易！周秦时代的那些文士儒生死于非命的，也不见得都是向诸侯求'闻达'的人。近年来我们所知道的人如孔融、杨修、祢衡、盛孝章等等，或被拘囚，或遭横杀，哪一个'苟全'下来了？"

　　黄承彦听见女儿把他本来想说的话都说了，不住地点头。诸葛亮也听得津津有味，这些道理如果出之于当代儒林泰斗之口，他不会感到惊奇，如今是出于一位丑陋的"黄发黑肤"姑娘之口，他不免为之倾倒。阿丑的才识比他事先估计的还高得多。于是，不觉随口应道："这倒也是真的。"

　　阿丑又继续说道："古人说过：'用之则行，舍之则藏'，这很有道理。如今刘玄德希望你做他的左右手，开创一番惊天动地的事业，这不止是用你而已，而是委之以重任啊！如果你一定要藏，像一颗明珠藏于土中一样，使人看不到一丝一毫耀眼的光芒，那又何苦呢！一个人和草木同腐，那又有什么价值？"

　　黄承彦觉得应该谦虚几句，便对诸葛亮说："姑娘说了这么多，也不怕你见笑。都是我平时把她娇养惯了，所以她忘记了自己是井底之蛙，侃侃而谈，你不要见笑，也不要见怪才是。"

诸葛亮笑了，笑声中充满喜悦、兴奋之情。他望望阿丑，然后对黄承彦说："听姑娘一席话，胜读十年书。我本来想一展宏图，又怕道途艰险，事业难成。老死陇亩，则又于心不甘。姑娘深居闺房，有此卓见，更为难得。足见她已读破万卷，而且胸襟宽广，胜过须眉，使我受益不浅。既然如此，下次刘玄德他们再来，我当与之畅谈天下大事。如果所见略同，我就随之出山，一试锋芒。成败利钝，非我所能逆料，也非我所计较的了。我当鞠躬尽瘁，全力以赴就是。"

黄承彦听到这里，把手往诸葛亮肩膀一拍，赞叹了一声："如此甚好，也不辜负我多年来对你的殷切期望。"

诸葛亮回到卧龙岗，兴高采烈地尽谈阿丑的才华。蒯家的夫人问起他心目中的阿丑长相究竟如何？诸葛亮说："我被她渊博而流利的谈吐所吸引，忘记了她容貌的丑陋。说实在的，除了身材、头发、面色都不中看之外，别的也没有发现有任何破相或残缺之处。我想容貌也罢，才华也罢，彼此都不能用天平来称的。如果一定要找容貌和才华完全一样人的才结亲，走遍天下，未必能找到。只要双方谈得来，也就可以了。"

于是，蒯家的夫人正式请了大媒，替诸葛亮订了这门亲事。

阿丑嫁到诸葛亮家后，种地做饭，里里外外的粗活儿与琐事都处理得妥妥帖帖。诸葛亮自然是身受其惠。

刘备三顾茅庐后，诸葛亮跟着刘备出生入死，他的丑媳妇带着幼儿诸葛瞻守在家中等候佳音。位居丞相夫人的黄硕在宅前宅后植桑八百株，以倡导蚕丝的生产，推动当时社会发展蚕丝业。

◎故事感悟

美，其实是一种感觉。尽管外人都认为诸葛亮的媳妇貌丑，但却不知道她还是一个具有另一种"内在美"的女人。内在美才是真正的美，永恒的美。阿丑无怨无悔地支持帮助诸葛亮，而诸葛亮也一生忠贞于她！这样的夫妻我们能说不般配吗？

◎史海撷英

诸葛亮六次北伐

第一次北伐：建兴六年（228年）春，诸葛亮事先扬言走斜谷道取郿地，让赵云、邓芝设疑兵吸引曹真重兵，自己率大军攻祁山（今甘肃省西和县西北）。陇右的南安、天水和安定三郡反魏附蜀。张郃出拒，大破马谡于街亭。诸葛亮拔西县千余家返回汉中。这是第一次出祁山。

第二次北伐：建兴六年冬，诸葛亮出散关（今陕西省宝鸡市西南）围陈仓（今陕西省宝鸡市东），粮尽而退还汉中。魏将王双来追，被斩。

第三次北伐：建兴七年（229年）春，诸葛亮遣陈式攻武都（今甘肃省成县周边）、阴平（今甘肃省文县周边）二郡。雍州刺史郭淮引兵救之，亮自出至建威（今甘肃省西和县西），郭淮退，遂得二郡。

第四次北伐：建兴八年（230年）秋，魏军三路进攻汉中，司马懿走西城（今陕西省安康市西北），张郃走子午谷，曹真走斜谷。诸葛亮驻军于城固（今陕西省城固县东）、赤坂（今陕西省洋县东20里）。时大雨30余天，魏军撤退。同年，诸葛亮使魏延、吴懿西入羌中，大破魏后将军费曜（瑶）、雍州刺史郭淮于阳溪（南安郡内，当在今甘肃省武山西南一带）。

第五次北伐：建兴九年（231年）二月，诸葛亮率大军攻祁山，始以木牛运。时曹真病重，司马懿都督关中诸将出拒。诸葛亮割麦于上邽（今甘肃省天水县）。司马懿追亮至卤城（今甘肃省天水市与甘谷之间），据营自守，有"畏蜀如畏虎"之讥。五月，司马懿领兵与诸葛亮交战，被诸葛亮大败逃回。六月，李严因运粮不济呼亮还。张郃追亮退兵至木门，中箭身亡——此为二出祁山。

第六次北伐：建兴十二年（234年）二月，诸葛亮率大军出斜谷道，据武功五丈原（今陕西省岐山南），屯田于渭滨，期间诸葛亮送女人用的头巾发饰给司马懿，但司马懿忍辱据守不出，并以"千里请战"的妙计平息将怒。八月，诸葛亮病故于五丈原。杨仪等率军还。

这六次用兵，出祁山只有两次；第四次是魏军主动进攻，蜀军防守，由于连日大雨，山洪暴发，冲毁栈道，蜀魏并未交战。

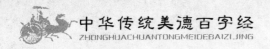

◎文苑拾萃

孔明灯

　　孔明灯又叫天灯，相传是由三国时的诸葛孔明（即诸葛亮）所发明。当年，诸葛孔明被司马懿围困于阳平，无法派兵出城求救。孔明算准风向，制成会飘浮的纸灯笼，系上求救的讯息，其后果然脱险，于是后世就称这种灯笼为孔明灯。另一种说法则是这种灯笼的外形像诸葛孔明戴的帽子，因而得名。

马皇后的深情厚意

◎努力爱春华，莫忘欢乐时，生当复来归，死当长相思。——苏武

> 朱元璋（1328—1398年），明王朝的开国皇帝。原名重八，后取名兴宗，濠州（今安徽凤阳县东）钟离太平乡人。25岁时参加郭子兴领导的红巾军，反抗蒙元暴政，龙凤七年（1361年）受封吴国公，十年自称吴王。元至正二十八年（1368年），在基本击破各路农民起义军和扫平元朝的残余势力后，于南京称帝，国号大明，年号洪武，建立了全国统一的封建政权。朱元璋统治时期被称为"洪武之治"。死后葬于明孝陵。

明太祖朱元璋的正妻马皇后是安徽宿州人，自幼丧母。马家祖上曾是宿州当地有名的富户，到了马皇后的父亲马公时，因极仗义好施，以致家业日衰，由富转穷了。后来，马公因为杀人避仇，逃往外地，不久便去世了。

马公临行前，曾将爱女托付给生死之交郭子兴。郭子兴夫妇对好友的遗孤十分怜爱，把马皇后收为义女，悉心抚养。马皇后端庄温柔，聪明过人，知书识礼，工于女红，深得郭氏夫妇的钟爱。

元顺帝末年，政治腐败，阶级矛盾、民族矛盾日益尖锐，中原河工爆发了反元大起义。郭子兴闻讯，率领几千人在濠州起兵响应。不久，走投无路的贫苦和尚朱元璋加入了郭子兴领导的队伍。

朱元璋作战勇猛，屡立战功，很受郭子兴的赏识。马皇后对这位贫苦青年的胆略和才能十分爱慕。于是，郭子兴和夫人张氏作主，将义女嫁给了朱元璋。这桩姻缘成了朱元璋日后发展的一个契机。朱元璋做了主帅的女婿后，

职位不断提升，在军中也被另眼相看。

但郭子兴性情暴躁，不能容人，又好听闲话，经常与同僚、部下伤了和气。朱元璋则为人精细，办事有耐心，有魄力，做事果断，作战勇敢，上上下下都夸他人缘好。郭子兴虽然器重朱元璋，又招他为婿，但因为朱元璋人缘好，郭子兴反倒不喜欢他了。再加上有人在他们中间拨弄是非，郭子兴对这位女婿越发猜忌了。

有一次，郭子兴因为一点小事将朱元璋监禁起来，不准他吃饭。马皇后得知后，亲自到厨房偷了刚出炉的炊饼，正要送给丈夫时，不巧碰到义母张氏，只得慌忙把饼藏进怀里。张氏见马皇后神色慌张，便把她叫住仔细盘问。马皇后因热饼贴身疼痛难忍，顿时泣不成声。张氏令马皇后解开衣衫拿出炊饼时，她的胸口已经严重烫伤了。张氏问明情由，不禁感动得掉下眼泪，立即命人给朱元璋送饭，并亲自劝说丈夫，释放了朱元璋。

马皇后深情厚意，救了朱元璋一命。

朱元璋带兵打仗时，一向秋毫无犯，即使缴获一些战利品也全数分给部下。而别的将领出征时，总要掠夺一些财物献给郭子兴。马皇后怕义父不察实情，耿耿于怀，便拿出自己平素的积蓄献给义母，求他向义父说情。这样，朱元璋在军中的地位才逐渐得到巩固。

朱元璋做皇帝后，经常回忆当年的艰难岁月，把马皇后比作唐太宗的长孙皇后。马皇后却说："常听说夫妇相保容易，君臣相保难。陛下不忘和我贫贱时过的日子，也希望能够不忘和群臣百姓过得艰难日子。经常这样想，有始有终才好！"

洪武十三年（1380年），知制诰宋濂因长孙宋慎陷入胡惟庸党案而获罪，朱元璋要处他极刑。宋濂是明朝开国"文学之首臣"，又是太子的师傅，这时他已告老还乡，与胡党毫无牵涉。朱元璋搞胡党扩大化，宋濂眼看要遭殃，马皇后及时出面救援，她说："老百姓请一位先生，还知道终生不忘尊师的礼节；再说他致仕回籍，京中的事必定不知道，可别冤枉了他。"但是朱元璋一心想惩办胡党，不听马皇后的劝告。

一次，马皇后陪朱元璋吃饭，她既不喝酒也不吃肉，朱元璋问她为什么不吃不饮。她说:"听说宋先生获咎,我不近荤酒,为他祈福,希望他免祸。"听了这番话,朱元璋动了恻隐之心,饭也不吃了,第二天赦免了宋濂的死罪。

洪武十五年(1382年)八月,马皇后病重期间,大臣纷纷为她祈祷,并多方寻求名医。

马皇后对朱元璋说:"死生都是命中注定的,祈祷没有什么用,我的病治不好了。假如服药后没有效果,我不想因为我的原因而连累各位医生。"临终时,朱元璋问马皇后有什么话想说,她只说:"愿陛下广求贤才,虚心纳谏,始终如一;愿子孙贤良,百姓都能安居乐业。"

马皇后去世后,朱元璋十分悲痛,总是高兴不起来,脾气也变得十分暴躁。

有一次,太子进谏时顶撞了朱元璋,他勃然大怒,暴跳如雷,追着要打。太子一边跑,一边掏出怀中的画扔到地上。朱元璋拾起一看,原来是马皇后背着他逃跑的画面。这不禁令他触动旧情,竟失声痛哭起来,便不去追太子了。

朱元璋一直到晚年始终对马皇后充满深情,终身没有再立第二个皇后。

洪武三十一年(1398年),朱元璋去世,与马皇后合葬于南京孝陵。

◎故事感悟

家有贤妻,是男人的福音,况且是帝王之家。这段皇帝与皇后的爱情非比寻常,马皇后用爱情保护了朱元璋,用爱情确保了大明王朝的稳固。同时,马皇后也用爱情的力量保护了不少功臣将相,使得朱元璋少杀了不少人。由此可见,真挚的爱情力量是巨大的。

◎史海撷英

承宣布政使司

承宣布政使司,官署名。明朝时期直属中央政府管理的一级行政区,简称"布政使司",民间简称"行省"或"省"。明初,沿元制,明朝洪武九年,明朝皇帝朱元璋改行中书省为"承宣布政使司",明朝中央政府直接管辖的行政区有2个直隶和13个"布政使司",即合称15省。

◎文苑拾萃

明孝陵

明孝陵在南京市东郊紫金山南麓独龙阜玩珠峰下，茅山西侧。明开国皇帝朱元璋和皇后马氏合葬于此。

明孝陵从洪武十四年（1381年）正式动工，至永乐三年（1405年）建成，历时25年。先后调用军工10万，耗费了大量的人力、物力，规模巨大。当时从朝阳门（今中山门）至孝陵卫到陵墓西、北所筑的皇墙有45里长，护陵驻军有5000多人。那时候陵园内亭阁相接；享殿中烟雾缭绕，松涛林海，养长生鹿千头。鹿鸣其间，气势非凡。因屡遭兵火，现仅存一些遗迹。如神烈山碑、下马牌坊、大金门、四方城及神功对德碑、神道石兽狮、獬豸、骆驼、象、麒麟、马等6种24只，神道石柱二，文臣武将各四。

陵墓的神道从四方城开始。四方城是一座碑亭，位于卫桥与中山陵之间，是明成祖朱棣为其父朱元璋建的"大明孝陵神圣功德碑"。其顶部已毁，仅存方形四壁，内有立于龟趺座上的石碑一块，碑高8.78米。碑文由朱棣亲撰，计2746字，详述明太祖的功德。

梁启超得力于爱妻支持

◎如果一个人没有能力帮助他所爱的人，最好不要随便谈什么爱与不爱。当然，帮助不等于爱情，但爱情不能不包括帮助。——鲁迅

> 梁启超（1873—1929年），中国近代史上著名的政治活动家、启蒙思想家、资产阶级宣传家、教育家、史学家和文学家。戊戌变法（百日维新）领袖之一。曾倡导文体改良的"诗界革命"和"小说界革命"。其著作合编为《饮冰室合集》。

1891年，19岁的梁启超与李蕙仙结婚。李蕙仙比梁启超大4岁，是清朝礼部尚书李端的堂妹。光绪十五年（1889年）李瑞以内阁大学士衔典试广东，当时年仅17岁的梁启超参试，他的文章立意新颖畅达，受到李瑞的赏识而中举。李端当即看上了这位才貌双全的小伙子，做主把自己的堂妹许配给梁启超为妻，婚礼在北京李家举行，由李端亲手操办。他们完婚后始终恩爱如初，在学术界传为佳话。

李蕙仙虽出身名门，自幼熟读诗书，家庭生活也较优裕，父亲很宠爱她，但她这宦门闺秀与寒素之家的梁启超结婚后，第二年就随丈夫一起回到老家广东省新会县茶坑村。这也是她堂兄李端对她的要求，觉得她应当回去拜见长辈，去尽晚辈的礼仪。梁家是个贫苦家庭，祖父、父亲都靠教书维持生活，过着半耕半读的日子，只有几间房屋。尽管清贫，但梁启超的父亲还是把一间古书室布置成新房，让新婚夫妇暂住在这里。

这间书屋起名"怡堂书室"，是梁启超的曾祖父建的。这种环境对自小在北方富裕家庭中长大的姑娘来说的确十分艰苦，南方炎热潮湿的天气，加上

生活习惯的不同及语言的不通，生活上有很大的困难，但李蕙仙没有任何怨言和不悦。她努力适应南方的生活环境，尽力操持家务。

1898年戊戌变法失败，当时梁启超只身亡命日本。李蕙仙带着女儿思顺避难澳门，梁启超的父亲梁宝瑛（莲涧）也带着其他家属一起避居澳门。当时境遇艰险，新会原籍虽然有查搜，但没有酿成大祸。梁启超惦念着家眷的安危，给李蕙仙写了很多信。在1898年9月15日的家书中，梁启超说："南海师来，得详闻家中近状，并闻卿慷慨从容，辞色不变，绝无怨言，且有壮语。闻之喜慰敬服，斯真不愧为任公闺中良友矣。"

当时李蕙仙在极艰险困难的情况下，代替梁启超服侍老人，抚养幼女，使梁启超很感动，家书中不断地表露了感激之情和敬佩之心。梁启超最挂念父亲，家书中写道："大人遭此变惊，必增抑郁，唯赖卿善为慰解，代我曲尽子职而已。卿素知大义，此无待余之言，唯望南天叩托而已。"

同年10月6日他又在一家书中写道："大人当此失意之时，烦恼定不知几多，近日何如？不至生病乎？吾今远在国外，侍奉之事，全托之于卿矣。卿明大义，必能设法慰解，以赎吾不孝之罪，吾唯有拜谢而已。卿我之患难交，非犹寻常眷属而已。"

从这些家书中，可见梁启超对父母的孝心和他们这对患难夫妻之间的互敬互爱、互相信任的不寻常的感情。

李蕙仙是大家闺秀，也是梁启超的闺中良友。她意志坚强，遇事果断，虽然她在澳门时日子过得很孤寂，并在给丈夫的信中透露了自己在家中愁闷，但当她知道梁启超要游历美洲，决定暂缓接眷属去日本时，她能顾全大局。梁启超在《壮别》诗中写道："丈夫有壮别，不作儿女颜。风尘孤剑在，湖海一身单。天下正多事，年华殊未阑。高楼一挥手，来去我何难。"

这种气概和心情的背后包含着妻子的理解和支持。

李蕙仙富于同情心，也是一位很仗义的女子。1899年，梁启超接她们母女去日本时，她还带去娘家的亲戚和小孩，并一直扶养接济他们。从日本回国后，住在天津时，也抚养了很多梁家和李家亲戚的孩子。李蕙仙接济他们上学，并让他们长年住在梁家。

李蕙仙的侄女李福曼11岁时就到梁启超家，读天津中西女中八年，又读燕京大学四年，全部都由梁启超、李蕙仙资助。

李蕙仙同时也是一位进步女性，她是当年妇女运动的发起人之一，刊物《妇女报》的主编之一。与那时的"小脚老太"不一样，她去过全国十几个省份，也曾出国探亲。

1924年春，李蕙仙的乳腺癌复发，这次癌细胞扩散后和血管相连无法再动手术了。终因病情严重医治无效，于1924年9月13日病逝，终年55岁。

梁启超与李蕙仙共同生活了33年。梁启超在当年《晨报》纪念增刊所写《苦痛中的小玩意》一文里，自述了他苦痛的情形："我今年受环境的酷待，情绪十分无力，我的夫人从灯节起卧病半年，到中秋日奄然化去，她的病极人间未有之痛苦，自初发时医生便已宣告不治，半年以来，耳所触的，只有病人的呻吟，目所接的，只有儿女的涕泪。……哎，哀乐之感，凡在有情，其谁能免？平日意态活泼兴致淋漓的我，这回也嗒然气尽了。"

李蕙仙逝世周忌的后一天，梁家把她的灵柩安葬于北京香山卧佛寺的东面风景秀丽的小山上。

◎故事感悟

李蕙仙是梁启超事业背后的女人。她为他打理家务、照顾父母，让他一心一意专于事业。她无怨无悔地为他奉献，梁启超也以拥有爱妻而感到自豪！

◎史海撷英

诗界革命

诗界革命是戊戌变法前后的诗歌改良运动。明清时期，诗歌呈现衰落趋势，有识者早已表示不满，并力图改变。同治七年（1868年），黄遵宪作《杂感》诗，批判沉溺于故纸，以剽盗为创作的俗儒，表示要"我手写我口"。光绪十七年（1891年），他在《人境庐诗草序》中主张表现"古人未有之物，未有之境"，提出了推陈出新的一整套纲领。光绪二十二年（1896年），他更直接称自己的创作为"新派诗"。但是，黄遵宪的这些主张一时还未能发生广泛的影响。诗界革命的早期倡导者是夏曾佑、谭嗣同、梁启超三人在光绪二十二年至二十三年之间，他们开始试作"新诗"。当时，资产阶级改良派正企图融合佛、孔、耶三教的思想资料，创立一种为维新运动服务的新学。因此，他们相约作诗"非经典语不用"。

戊戌变法失败后，梁启超逃亡国外，以主要精力从事文化宣传，推进文学改良，"诗界革命"成为其中一个重要方面。他在《清议报》、《新民丛报》、《新小说》等刊物上开辟专栏，发表谭嗣同、唐才常、康有为、黄遵宪、蒋智由、丘逢甲、夏曾佑等人的作品，又自撰《饮冰室诗话》，阐发理论观点，大力表扬黄遵宪等新派诗人，诗界革命于是形成了一定的规模和声势。后期诗界革命主要要求"以旧风格含新意境"。

◎文苑拾萃

《晨报》

《晨报》是以梁启超、林长民为主导的政治派系"研究系"的官方报刊之一。我党的早期领导人瞿秋白曾是该报驻莫斯科通讯员。该报以及其副刊《晨报副刊》在当时的社会影响极大，鲁迅、涂志摩等名流都曾为其主笔。1925年11月首都革命者火烧晨报馆事件时，涂志摩曾任晨报副刊主编。晨报旧址有两处，1924年前在菜市口胡同，1924年之后搬至宣武门外大街路东124号。

宋耀如与倪桂珍情深谊长

◎真挚而纯洁的爱情，一定渗有对心爱的人的劳动和职业的尊重。——邓颖超

> 宋耀如（1863—1918年），是资产阶级民主革命先辈中一位杰出的先锋战士。他为了支持孙中山先生的革命事业，不惜倾尽家产，积极投身到伟大的民主革命洪流之中，为辛亥革命作出了重大贡献。他被称为"宋氏家族第一人"，他鲜明的个性熏陶和培养了宋氏三姐妹及宋子文、宋子良、宋子安三兄弟。

俗话说，成功男人的背后往往有一个贤惠的妻子。"宋家王朝"奠基人宋耀如对孙中山革命事业的奉献，造就"一代王朝"的成就，皆离不开他的爱妻倪桂珍的支持。倪桂珍生于1869年，出身于士大夫家庭，是一位端庄、贤淑、有知识、有主见的女子。

她4岁开始跟老师练习写字，随后进私塾，8岁念小学，14岁那年以优异的成绩被推荐升入上海西门的培文女子高等中学，17岁毕业。她擅长数学，喜爱弹钢琴，曾在教会办的培文女校任教员。她的父亲倪韫山和宋耀如一样，是一中国籍的牧师。她的母亲姓徐，是明末大学士、《农政全书》的编著者徐光启的后代，上海徐家汇就是因徐家住在此地而得名。受父母的影响，倪桂珍自小便接受洗礼，成为一名基督教教徒。

宋耀如与倪桂珍的结识，是由昔日波士顿的二位朋友牛尚周与温秉忠的牵线。宋耀如回国后，很快与牛尚周、温秉忠取得了联系。当时牛尚周和温秉忠已分别和倪家的大女儿倪桂清、小女儿倪桂姝结为夫妻，他们有心介绍宋耀如与倪家二女儿倪桂珍认识。

关于他们的第一次相见，有不同的传说。一说相见于教堂，当倪桂珍在教堂"唱诗班唱赞美诗"的时候，宋耀如一见倾心，倪桂珍对宋耀如也是一见钟情；一说相见于培文女校，那是1886年7月下旬的一天，几位中国籍牧师和教徒相约在培文女校搞一次聚餐会。走进培文女校，迎面传来悦耳的钢琴声，宋耀如忍不住径自朝琴声传来的地方寻觅而去。在琴房外面，他透过窗户看见了一个美丽而气质不凡的年轻姑娘，最引起他注意的还是那双无拘无束踩在踏板上的天足，在推崇"三寸金莲"的时代，拥有一双天足实为不易之举。他不由得暗暗钦佩这位姑娘的胆识和勇气，她就是倪桂珍。经朋友们的介绍，宋耀如与倪桂珍很快就相识相知，彼此倾心。

期间，发生了一件不大不小的事。据说倪桂珍曾有一门娃娃亲，虽然当年只是一句玩笑话，两家也早已断绝往来，但她的"未婚夫"家却很认真，几次来"抢亲完婚"，每一次都被倪桂珍坚决而义正词严地拒绝。这一小小的插曲曾令他们烦恼，却也不失为对他们爱情的一次考验，它令宋耀如看到了倪桂珍自主而坚强的个性。

在宋耀如回国初期，因美国监理会中国布道区教长林乐知的刁难，他不断地被指派到各个落后、穷困的地方进行传教。为了能和宋耀如在一起，倪桂珍果敢地提出与宋耀如订婚，令前来的主婚者也不禁赞叹她"真是个不寻常的女性"！此后，倪桂珍便一路跟着宋耀如到各地传教，与他分担各种困难与险阻，共享成功的喜悦。正如她自己所说："我遵从上帝的启示，上帝指引我来到查理身边，我要辅佐他，支持他，为他的事业献出我的一切！"她甚至为宋耀如而背弃自己的教派，脱离倪家信奉的宗派伦敦会而转入宋耀如所属的美国监理会。据说当时倪桂珍的父亲正准备劝说宋耀如转到倪家所属的伦敦会，倪桂珍却出人意料地宣布她决定"脱离伦敦会转入美国监理会"，令她的父亲震惊不已。宋耀如再一次地被深深感动并为之钦佩。

在传道的过程中，宋耀如与倪桂珍热心地帮助、接济穷人，并萌动了创办儿童福利事业的设想。共同的理想与事业将这对恋人紧紧地连在一起，他们互相依赖与支持，感情日趋炽烈。1887年夏，宋耀如与倪桂珍在美国监理会新教堂举行了热烈而隆重的婚礼。宋耀如曾这样评价他的爱妻："桂珍是生活在东方的坚强女性，她的伟大在于敢自己选择爱人，这在东方、在中国简直是不可思议。"婚后，倪桂珍继续跟随宋耀如到各地传教，过着不稳定却有着美好憧憬的生活，直至1890年宋耀如在上海虹口郊区建造了自己设计的一幢房子，他们才有了安定的居所。

倪桂珍嫁给宋耀如后，先后生了六个孩子，三个女孩，三个男孩。倪桂珍是一个善持家务、又具有先进思想、乐于助人的家庭主妇。据她儿女的回忆：那时"母亲料理家务，设法量入为出。凡是省吃俭用节余下的钱，她即捐赠给革命事业。她也接济穷人，并且是学校和教堂的赞助人。""虽然，父母并不十分富裕，但母亲仍然让全家人都生活得快活和舒适，在最困难的日子里，她也始终保持这样。"

有人说，"宋夫人是早期新式中国妇女的样板"，她对六个子女都视为掌上明珠，细心照料，传授知识。倪桂珍对子女的教育，有两个与众不同的特点：一是管教甚严，俗话说"养不教，父之过"，倪桂珍却常说"养不教父之过，也是母之过"，她一反"严父慈母"的习俗惯例，对子女始终严加管教，严禁孩子们做有失体统的事情。宋氏三姐妹始终盘着发，即是谨守母训——女孩永不剪发的典型例子；二是重视女孩的教育，古语说"女子无才便是德"，接受过西学的倪桂珍不相信封建的孔孟之道，她认为女子与男子一样，都可以成为有作为的公民，为国家作贡献。她与丈夫共同决定要把子女都送到美国去读书。

《宋氏家族》的作者埃米莉·哈恩说，宋夫人的"做法之所以与传统观念更加背道而驰，是因为她简直像对待男孩那样对待女孩，她们的女儿们是首先被送出国的"。有如此先进思想的父母，实在是宋氏三姐妹的造化与幸福。宋耀如夫妇的"男女平等"思想及他们对中国慈善事业的贡献，更使他们的三个女儿感受至深。日后，性格迥异、立场不同的三姐妹皆热心于中国的妇女运动，并程度不同地从事中国的慈善事业，不能不说受她们父母潜移默化的影响。

倪桂珍不仅是位良母，更是位通情达理的贤妻。对于丈夫与孙中山等革命党人的交往及他们所从事的活动，倪桂珍虽不甚了解，但她始终坚信丈夫、

支持丈夫。

宋耀如去世后，倪桂珍非常伤心，从此更加专心于教会工作，而很少过问别的事。后来，她的健康状况一直不佳。1931年7月23日，倪桂珍在青岛别墅去世，享年62岁。

◎故事感悟

作为"宋家王朝"的缔造者，宋耀如与倪桂珍有着共同的信仰，共同致力于慈善事业。他们教育的子女也在政坛上名声显赫。

◎文苑拾萃

四大家族

四大家族，一般是指蒋宋孔陈四大家族，指20世纪40年代控制中国政治、经济命脉的四个家族，即蒋中正家族、宋子文家族、孔祥熙家族和陈果夫、陈立夫家族。有道是：蒋家的天下陈家的党，宋家的姐妹孔家的财。蒋介石是"四大家族"毋庸置疑的领军人物，有了蒋中正的才能和野心才有了曾经煊赫无比的"四大家族"。

第二篇

伉俪情深，鸳鸯笃挚

曹节对汉献帝至死不渝

◎美人卷珠帘，深坐颦蛾眉。但见泪痕湿，不知心恨谁。——李白

> 汉献帝刘协（181—234年），字伯和。祖籍沛县（今江苏沛县，即高祖刘邦出生地），生于洛阳（今河南洛阳）。196年，曹操控制了刘协，并迁都许昌，"挟天子以令诸侯"。220年，曹操病死，刘协被曹丕控制，随后被迫传位于曹丕。234年，刘协病死，享年54岁。

自从伏皇后被曹操杀死后，汉献帝一连数日不曾吃饭。曹操入宫劝道："陛下不必担忧，臣对陛下决无二心。臣的女儿已经入宫，做了陛下的贵人，为人贤惠，可以册立为皇后。"

曹操有三个女儿，依次为曹宪、曹节、曹华，都已入宫做了贵人。

不久，曹操的二女儿曹节被立为皇后。这年，汉献帝35岁，曹节18岁。

曹节做皇后之后，温柔体贴，用一颗火热的心感动了汉献帝。汉献帝开始吃饭，晚上也能入睡了。不久，他又恢复了正常的生活。从此，汉献帝和曹节形影不离。

建安二十年（215年），曹操病逝，长子曹丕在邺城继承了魏王的爵位。曹丕早就想废掉汉献帝自己做皇帝了。于是，他授意华歆等人去许昌逼汉献帝退位。

华歆带领一帮人来到许昌，进宫向汉献帝奏道："魏王自即位以来，德布四方，仁及万物，越古超今，可比唐、虞。群臣都在议论，大汉气数已尽，

希望陛下能效仿尧、舜，把山川社稷禅让给魏王，上合天心，下合民意，而陛下也可以去享清福了。这样，列祖列宗高兴，百姓也会额首称庆！我们都已经决定好了，因此特来奏请。"

汉献帝听了，气得浑身乱抖，只见华歆的两唇还在不停地上下翻动，但已经听不清他说些什么了。

汉献帝的泪水像断了线的珠子一样顺着两颊滚下来，不发一言。在场的人都惊呆了，宫殿上顿时鸦雀无声。

见汉献帝不发一言，华歆厉声说："自古以来，有兴必有废，有盛必有衰，岂有不亡之国、不败之家？汉室相传四百多年，延至陛下，气数已尽，天象星祭都说魏应代汉，陛下怎能违抗天意呢？"

话音刚落，殿外有一百多名士兵手持戟戈，蜂拥而入。汉献帝见此情景，站起身拔腿就往后宫跑。华歆哪肯放过，率领士兵紧紧追赶。

汉献帝直奔皇后居住的中宫，曹皇后听到吵闹声，忙走出来，想看看发生了什么事。远远望见汉献帝面色铁青，上气不接下气地跑来，便迎上去问："陛下，出了什么事？"

汉献帝流泪说："你哥哥要逼我让位给他。"

曹皇后听了，如五雷轰顶，半信半疑，上前拦住华歆等人斥责道："我父亲功高盖世，尚且始终称臣于大汉。今天，我兄长嗣位不久，就想篡夺帝位，一定是你们贪图富贵，撺掇我哥哥做出这等大逆不道的事来！"

华歆见是曹丕的妹妹出面，便赔着笑脸说："皇后有所不知，自魏王即位以来，麒麟降生，凤凰来仪，黄龙出现，嘉禾蔚生，甘露下降。这是上天示意，魏当代汉的征兆呀！"

曹皇后根本不听这些妖言惑众之词，沉着脸喝令道："给我退出去！"华歆见此情景，无可奈何，只好命众人退出。

第二天，曹洪和曹休簇拥着曹丕直奔许昌而来。曹丕的兵马不进皇宫，曹洪和曹休轮番请汉献帝出殿。汉献帝无可奈何，只好更衣出殿。华歆上前说："陛下如依臣等之见，可以免遭大祸。"

汉献帝哭着说："你们吃汉朝俸禄已经很久了，有不少还是汉朝功臣的子孙，怎么忍心做这种不忠不孝的事呢？"

华歆说："陛下若不听众臣之议，恐怕大祸就要临头了。"

汉献帝听了，问道："何人敢杀朕？"

华歆厉声说："天下人都知道陛下没有做君王的福分，因此四方大乱。要不是魏王从旁保护，杀陛下的何止一人？陛下如不知恩图报，是要让天下人共同讨伐你吗？"

曹洪见火候已到，便高声喊道："符宝郎在哪里？"

掌管皇帝玉玺的祖弼站出来说："符宝郎在此！"

曹洪问他说："皇帝的玉玺呢？"

祖弼回答说："玉玺是皇帝之宝，岂能随便拿来拿去！"

曹洪喝道："速将此人推出斩首！"

有人上前把祖弼推出去斩了，祖弼至死骂不绝口。

华歆又向汉献帝要玉玺，汉献帝说："玉玺在皇后手里。"

华歆进宫向曹皇后索要，曹皇后哪里肯给？华歆无奈，只好回来向曹丕禀告说："玺绶在皇后手中，我劝说再三，皇后誓死不肯交出。"

曹丕听了，勃然大怒道："众将士，去中宫要玺绶，拿到玺绶者有赏！"

众将士如狼似虎地奔进中宫，皇后见这般势头，知道自己一个弱女子拼不过这些人，便把玺绶抛到阶下，哭着对哥哥曹丕说："老天不会让你长久的！"

汉献帝被逼退位后，被贬为山阳公，曹皇后降为山阳公夫人。

这位出身曹门的女子与她的兄长不同，一直对汉献帝忠贞不贰。她一心一意地服侍汉献帝，直到14年后汉献帝病逝。

◎故事感悟

不论当初是怀着什么样的想法嫁给了皇帝，但曹节对汉献帝的爱情是真诚的，她用生命保护了汉献帝，所以她被后人尊敬。

◎史海撷英

三战徐州

献帝初平四年（193年）秋，曹操的父亲曹嵩来曹操处路上，被护送的陶谦部将张闿所杀，曹操遂进兵徐州（治郯，今山东郯城），向东南扩展势力。徐州牧陶谦退守郯县。不久曹操军粮将尽，撤围回军。

次年夏，曹操再征徐州，略地至东海。曹操征徐州期间，所过之处大肆杀戮，一路上"鸡犬亦尽，墟邑无复行人"。加入讨董卓之战的陈留太守张邈和曹操部将陈宫对曹操不满，遂叛操，迎吕布为兖州牧。吕布为当时名将，先为董卓部将，曾与王允定计诛杀董卓。当时只有鄄城（今属山东）和东郡的范（今山东范县东南）、东阿（今山东阳谷东北）两县尚在曹操掌握之中，分别由司马荀彧和寿张令程昱、东郡太守夏侯惇等坚守，形势异常危急。曹操从徐州赶回，听说吕布屯于濮阳，遂进军围攻濮阳。二军相持百余日，蝗灾大起，双方停战，曹操军还鄄城。

兴平二年（195年）夏，曹操整军再战吕布，于巨野（今山东巨野南）大破吕布军，吕布逃往徐州投靠刘备。

从建安二年起，曹操利用他"奉天子而令不臣"的政治优势，东征西讨，开始了他翦灭群雄、统一北方的战争。其时，在曹操的北边，是占有冀、并、幽、青四州的袁绍；南边，是占据扬州的袁术；东南，是占据徐州的吕布；正南，是占据荆州的刘表；西边，是关中诸将。此外，董卓部将张济之侄张绣投降刘表后，屯驻于宛县（今河南南阳），对许都形成威胁。

建安三年（198年）九月，曹操东征徐州，进攻久与他为敌的吕布。在曹军攻势之下，吕布军上下离心。十二月，吕布部将魏续、宋宪等生擒吕布谋士陈宫归降曹操。吕布见大势已去，下城投降。曹操将吕布、陈宫、吕布部将高顺等人处死，收降吕布部将张辽、臧霸、孙观等人，初步控制了徐州。

◎文苑拾萃

七步诗

曹植

煮豆持作羹，漉菽以为汁。

萁在釜下燃，豆在釜中泣。

本是同根生，相煎何太急？

齐眉举案、相敬如宾

◎千金纵买相如赋，脉脉此情谁诉。——辛弃疾

> 梁鸿（生卒年不详），字伯鸾，东汉诗人，扶风平陵（今陕西咸阳市西北）人。王莽末期，梁鸿幼年，跟随其父寄居北地（在今甘肃庆阳西北）。东汉初，曾经在太学学习，毕业后，在上林苑牧猪。后来归隐平陵，娶孟氏女子，有德无容，为她取名孟光，字德曜。

　　梁鸿年轻的时候，在太学里研究儒家的经典著作。因为家里很穷，一心念书不能维持生活，他就去帮工。他曾经在洛阳替人家养猪，也做过雇农。他就这么一边干活，一边读书，直到完成了学业，才回到扶风本乡。

　　本乡的人知道他品格高尚，学问渊博，这次又从京师游学回来，都很尊敬他。可是他一点没有太学生的架子，像农民一样，亲自下地，干起农活儿来。大伙儿把他当做一个了不起的人物看待。有人说他本领大，有人说他有义气，有人说他是农民的老师，有人说他要做官的话早已做上大官了。几年下来，本县的人都知道梁鸿是个有学问的庄稼人。可这么一个有名望的人，怎么还没娶媳妇儿呢？当地就有不少人到他家里去说亲，愿意把自己的女儿嫁给他。梁鸿一个一个都拒绝了。

　　县里有个孟大爷，很有钱。他什么都如意，就是他女儿不肯出嫁。门当户对的人家来做媒，她不要；年轻的小白脸来求爱，她不理。她父亲对她说："这个不要，那个不理，自己已经快三十岁了，你到底为着什么呢？"他女儿

说:"要我嫁人,除非替我找个像梁鸿那样的女婿,才有商量。"她爹娘听了这话,就托人向梁鸿去传达他女儿的心愿。梁鸿听了,觉得有这么个知心人,也够有造化的了。他就托人去求亲,女方当然答应了。

孟小姐高兴地连忙准备自己的嫁妆。爹娘替她准备的嫁妆,她一概不要。她做了几套粗布衣服,几双麻布鞋。这还不算,她又准备了一些筐子、篮子、纺线、织布用的家具。

结婚以后,一连几天,梁鸿总不说话。新娘猜不透他犯的是什么怪脾气。她只好向梁鸿行个礼,说:"听说夫子品格高尚,挑选配偶极其慎重;我虽然长得丑陋,也谢绝了好几户人家。你我情投意合,做了夫妻。想不到七天来,夫子似乎很不乐意。我不得不冒昧请罪,还望夫子赐教。"梁鸿不得不开口了,他说:"我原来希望得到一个艰苦朴素的妻子,能够跟我一块儿种庄稼,过着隐居生活。

现在看到夫人穿的是绫罗绸缎,戴的是金银珠宝,那我怎么配得上呢?因此,不敢亲近。"新娘说:"夫子愿意这么生活,我早已作了准备。您何必为了这个操心呢?"说着,她就退到内室,摘去首饰,换上一套粗布衣服,拿着一只筐子出来了。梁鸿见了,这个高兴劲儿就别提了。他说:"这才是我的好妻子!"他给她起了个名字叫孟光。

梁鸿和孟光极快乐地生活了好几个月。可是扶风并不是深山,这儿的生活也不像隐居。孟光问:"夫子为什么不作隐居的打算?老住在这儿不怕别人推荐吗?"梁鸿说:"我正想搬个地方,咱们明天就走吧!"

他们离开了本乡,搬到霸陵山中。两口子靠种地和织布过日子,一空下来就看看书,写写文章,弹弹琴。没想到这么生活下去,梁鸿和孟光慢慢地又在霸陵出了名。他们就更名换姓,在齐、鲁一带住了一个时期。尽管他们不愿意让别人知道,别人还是知道了。

后来,他们搬到了吴中,故意投奔到富翁皋伯通的家里,向他借了间房子,受他的保护。

梁鸿天天出去给别人家舂米，或者种地，或者干点别的工作。他每天回家，孟光早已把吃的东西准备好了。她总是把盘子托得跟眉毛平齐，恭敬地递给梁鸿，表示对丈夫的礼貌，这就是所谓"举案齐眉"。梁鸿也总是挺客气地把盘子接过去。两口子吃饭，还这么讲礼貌，天天这个样子，有时候免不了让别人看见。

皋伯通知道了，不由得纳起闷来了。他想："一个雇工家居然像读书人那样讲究礼貌，夫妇相见如宾。他一定不是平常的庄稼汉。"皋伯通就请梁鸿一家跟他住在一块儿，供给他们吃的、穿的，让梁鸿安心读书，写文章。这时候，梁鸿年纪也老了，正想专心著书。他就接受了朋友的好意，天天写东西，一共写了十多部书。

直到梁鸿害了病，他才把自己的真实姓名告诉了皋伯通，还托他就近找块坟地。梁鸿死了以后，就葬在吴中。孟光谢过了皋伯通，带着儿子回到扶风老家去了。

◎故事感悟

在古代男尊女卑的社会，夫妇举案齐眉、相敬如宾，是非常难得的。夫妻本就该相互尊重，在当今社会，也应提倡这种互敬互爱的家风。如果我们的夫妻都能如此，那么当代社会完整美满的家庭也许会更多一些。

◎史海撷英

尚书台

尚书台是皇帝的秘书机关，其官署设在宫廷之内、禁省之外。主要职责是管理奏章文书、起草诏令，但实际上政务都由尚书台代表君主执掌，权力极大。尚书台设长官(令)一人、副长官(仆射)一人，下设尚书六人。沟通尚书台与皇帝联系的官员有侍中、中常侍、黄门侍郎等。

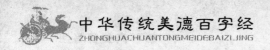

◎文苑拾萃

五噫歌

梁鸿

陟彼北芒兮，噫！

顾瞻帝京兮，噫！

宫阙崔嵬兮，噫！

民之劬劳兮，噫！

辽辽未央兮，噫！

《璇玑图》千年情丝

◎临别殷勤重寄词，词中有誓两心知。——白居易

> 苏若兰（351—385年），名蕙，字若兰，回文诗之集大成者，与蔡文姬、谢道韫并称"魏晋三才女"。传世之作仅一幅用不同颜色的丝线绣制织锦《璇玑图》，而她以此图传达对丈夫思念之情的故事被则传为千古佳话。

苏蕙，字若兰，始平（今陕西兴平）人。父亲苏道贤，担任过陈留县令。苏蕙是苏道贤的第三个女儿。她从小聪明伶俐，是父母的掌上明珠。

魏晋时代，社会刚从汉代儒学独尊的思想禁锢状态中解放出来，各种思想异常活跃，社会风气比较开放。苏蕙生长在苻秦统治下的多民族融合的社会里，女性不是很受禁锢，因此苏蕙得以发展自己的个性和才能。

苏道贤是一位比较开明的家长，前秦皇帝苻坚兴儒重教，因此苏道贤延请名师在家设帐教三个女儿读书。三个女儿中，数苏蕙秀外慧中，勤勉好学。15岁时，苏蕙已经通经史，善作诗歌，写得一手娟秀的墨笔字，文笔非常流畅。

苏蕙16岁那年嫁给了窦滔。窦滔是苻坚右将军窦于真的孙子，窦朗的第二个儿子。窦滔从小入太学读书，博通经史，每次考试总是独占鳌头。苻坚在太学视察时，曾亲自测试过他，对他非常赞赏。苻坚既崇文、又尚武，太学生也兼学武功。窦滔受过全面教育，能文能武，加上长相俊美，一时间成为同辈人中的佼佼者，享有很高的声誉。

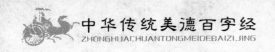
窦滔20岁举行冠礼后，苻坚第一个把他提拔出来做官。

就在这一年，窦滔与苏蕙成亲了。两人才貌相当，志气相投，格外恩爱。他们山盟海誓，永不分离。

窦滔深受苻坚赏识，开始任京官，渐至要职。后来，苻坚灭了前燕和凉，急需大批官吏去管理新占领的土地，因此窦滔被放外任了。

丈夫走后，到了边关。苏蕙孤独一人在庭院里徘徊，见花开花落，雁去雁归，对远方丈夫的思念之情越来越重。

苏蕙辗转反侧，夜不成眠，便起身将思念之情写成回文诗，制成《璇玑图》，寄给了丈夫。

《璇玑图》纵横八寸，用五色丝线织成，共841个字，横竖排列整齐，成为一个大方块，整幅图又可分成十六个小方块。图中的文字无论横读、竖读、斜读、交叉读、退一字读，叠一字读，都能形成诗句，并且根据不同的方式可以得到四言、五言、六言、七言、杂言等不同的诗句。人们对此无不叫绝，但却没有人能读通其中诗句。苏蕙笑着说："除非是我那久在边关的丈夫，其他人是不能读出全部诗句来的。"

《璇玑图》辗转千里传到窦滔手中，窦滔从中读出了妻子在家中的寂寞悲凉和对丈夫的深切思念。于是，他立即接妻子到边关，二人又重新开始了美好幸福的生活。

回文诗引起了历代文学爱好者的关注和解读。唐朝时，人们可以从《璇玑图》中读出两百余首诗来，宋元时增至3752首，明朝时竟达7958首之多。

武则天将苏蕙回文诗称为"璇玑图诗"，并为它写了一篇《序》。文中说："纵横反复，皆为文章，其文点画无缺，才情之妙，超今迈古。"

◎故事感悟

苏蕙忠于爱情，用心专一，因此才能写出不同凡响的好诗。这样的千古佳作，绝非是一时的即兴之作，也并非是无聊的文字游戏，而是情感心血的全部倾注！

◎史海撷英

魏晋风度

魏晋是一个动乱的年代，也是一个思想活跃的时代。新兴门阀士族阶层社会生存处境极为险恶，同时其人格思想行为又极为自信风流潇洒、不滞于物、不拘礼节。士人们多特立独行，又颇喜雅集。正是在这个时代，士大夫们创造了影响后世的文人书法标杆，出现了令人模范景仰的书圣王羲之；出现了"竹林七贤"，即阮籍、嵇康、山涛、刘伶、阮咸、向秀、王戎。这些士大夫在生活上不拘礼法，常聚于林中喝酒纵歌，清静无为，洒脱倜傥，他们代表的"魏晋风度"得到后来许多知识分子的赞赏。

◎文苑拾萃

回文诗

回文，也写作"回纹"、"回环"。它是汉语特有的一种使用词序回环注复的修辞方法，文体上称之为"回文体"。回文诗是一种按一定法则将字词排列成文，回环注复都能诵读的诗。这种诗的形式变化无穷，非常活泼。能上下颠倒读，能顺读倒读，能斜读，能交互读。只要遁着规津读，都能读成优美的诗篇。回文诗在创作手法上突出地继承了诗歌反复咏叹的艺术特色，来达到其"言志述事"的目的，产生强烈的回环叠咏的艺术效果。

十年生死话凄凉

◎真正的爱情是永久的依恋和怀念。——中国格言

苏轼（1037—1101年），字子瞻，又字和仲，号"东坡居士"，世人称其为"苏东坡"。四川眉州（今四川眉山，北宋时为眉山城）人，祖籍栾城。北宋著名文学家、书画家、词人、诗人、美食家，"唐宋散文八大家"之一，豪放派词人的代表。其诗、词、赋、散文，均成就极高，且善书法和绘画，是中国文学艺术史上罕见的全才，也是中国数千年历史上被公认的文学艺术造诣最杰出的大家之一。

苏轼，宋朝著名词人。虽然他的词一向被看作是开豪放派的先河，但是他却留下了一首不朽的婉约至极的佳作，这就是他为亡妻王弗所作的《江城子》。

王弗是四川眉州青神乡贡进士王方之女，在16岁时嫁给了苏轼。王弗家是书香门第，她自小受到传统文化的熏染，十分聪慧，但个性内敛，不嗜浮夸。刚开始时，王弗并没有夸饰自己能知书，但苏轼在读书时，她一直陪伴在旁，苏轼看书遇到遗忘的地方，王弗倒是能够记起。苏轼问她其他书，她大概都能知道一些。苏轼这才知道自己的妻子是如此知书聪慧。

苏轼性情浪漫，不拘小节，赤子童心，觉得天下没有坏人。苏轼刚到凤翔上任时，在外边的为人处世，王弗都要仔细询问清楚。她对人情世故比苏轼更清楚，分析得更透彻，也更务实。

苏轼和客人在外间说话，王弗会在屏间"偷听"，等客人走了便会提醒苏轼要对那些首鼠两端、见风使舵之人要有所戒备。有些人有求而来，表现得甚为亲厚，但王弗对他说，这种人怕是不能长久，来得快，去得也快。日后

的事实确如王弗所料，像章惇这个在凤翔时与苏轼往来频繁的"朋友"，后来对苏轼严加迫害。

王弗在陪伴苏轼的11年间，多是作为苏轼的建议人和监督人的。在《苏轼文集》卷73《先夫人不发宿藏》中，苏轼记道：从秦朝就有方士为求长生修炼不老仙丹，到北宋，长生不死之梦也还是大行其道的。当时的刘敞便挖掘青铜器，欲得古人所藏的仙丹。苏轼甚至也要掘坟探丹，王弗就说，如果你母亲在的话，肯定不会让你去挖坟的。苏轼顿然惭愧而止。十分迷恋仙道仙丹之事的苏轼，对于王弗，显然是敬重大于自我的放纵，这也从侧面可以窥见苏轼对王弗的尊重和平等意识。

治平二年五月（1065），年仅27岁的王弗去世。苏轼十分悲痛。在王弗去世后，苏轼的政治生活发生很大的变化，个中原因虽然比较复杂，但如若有王弗的警戒和规劝，苏轼或许就能较少地遭受言辞之罪了吧。

熙宁七年八月，苏轼已因与当权者政见不和，被转迁至密州任知州。此时王弗已经去世十年了。苏轼感怀生活上的漂泊，政治上的失意，又夜梦与亡妻相遇，十年间的感情积溢，使苏轼肝肠寸断！写下了催人泪下的《江城子·乙卯正月十二日夜记梦》：

　　十年生死两茫茫，不思量，自难忘。千里孤坟，何处话凄凉。

纵使相逢应不识，尘满面，鬓如霜。

　　夜来幽梦忽还乡，小轩窗，正梳妆。相顾无言，唯有泪千行。

料得年年肠断处，明月夜，短松冈。

整首词都看不到苏轼的豪迈风格，他不再强忍心中的痛楚，在梦里，向如知己的妻子面前吐露着辛酸。十年的时间，苏轼的生活改变诸多，但他一直没有忘记与妻子相处时的情景。

◎故事感悟

情爱深深深几许。王弗红颜薄命，给苏轼留下了无穷无尽的思念。妻子生前的他的红颜知己，死后他也在梦里向妻子吐露凄苦，可见苏轼对于王弗的爱恋与依赖！

◎史海撷英

乌台诗案

宋神宗在熙宁年间（1068—1077年）重用王安石变法，变法失利后，又在元丰年间（1078—1085）从事改制。

此时，苏轼因为反对新法，并在自己的诗文中表露了对新政的不满，更由于他当时是文坛的领袖，任由苏轼的诗词在社会上传播对新政的推行很不利。所以在神宗的默许下，苏轼被抓进乌台，一关就是4个月。每天被逼要交代他以前写的诗的由来和词句中典故的出处。

由于宋朝有不杀士大夫的惯例，所以苏轼免于一死，但被贬为黄州团练副使。元丰二年（1079年），苏轼移任湖州（浙江省吴兴县），七月遭御史台所派遣的皇甫遵等人逮捕入狱。他们指证苏轼在诗文中歪曲事实，诽谤朝廷。御史李定、何正臣、舒亶等人，举出苏轼的《杭州纪事诗》作为证据，说他"玩弄朝廷，讥嘲国家大事"，更从他的其他诗文中挖出一句二句，断章取义地给予定罪。如"读书万卷不读律，致君尧舜知无术"，本来苏轼是说自己没有把法律一类的书读通，所以无法帮助皇帝成为像尧、舜那样的圣人，他们却指他是讽刺皇帝没能以法律教导、监督官吏；又如"东海若知明主意，应教斥卤变桑田"，说他是指责兴修水利的这个措施不对。

其实苏轼自己在杭州也兴修水利工程，怎会认为那是错的呢？又如"岂是闻韶忘解味，迩来三月食无盐"说他是讽刺禁止人民卖盐……总而言之，就是认定他胆敢讥讽皇上和宰相，罪大恶极，应该处死刑。

苏轼在御史台内遭到严刑拷问，他自认难逃死罪。1079年12月28日，蒙神宗的恩赐他被判流放黄州（今湖北省黄冈市），苏轼被拘禁近百日，后获释离开御史台之狱。

后人把这桩案件的告诉状和供述书编纂为一部《乌台诗案》。"乌台"即御史台，由于这一案件的发起者都是御史台的言官，他们包括御史中丞李定，监察御史里行（御史台的见习史官）舒亶、何正臣等。因此称为"乌台诗案"。

◎文苑拾萃

念奴娇·赤壁怀古

　　大江东去，浪淘尽，千古风流人物。故垒西边，人道是，三国周郎赤壁。乱石穿云，惊涛拍岸，卷起千堆雪。江山如画，一时多少豪杰！

　　遥想公瑾当年，小乔初嫁了，雄姿英发。羽扇纶巾，谈笑间，樯橹灰飞烟灭。故国神游，多情应笑我，早生华发，人生如梦，一樽还酹江月。

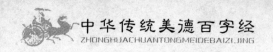

梦断香消四十年

◎一寸相思千万绪，人间没个安排处。——李冠

陆游（1125—1210年），字务观，号放翁，越州山阴（今浙江绍兴）人。他是南宋时期著名的爱国诗人，著有《剑南诗稿》《渭南文集》等数十个文集存世，自言"六十年间万首诗"，今尚存9300余首，是我国现有存诗最多的诗人。

一对年轻夫妻，横被婆母拆散；两人中年猝遇，但已鸳梦难圆；只能诗词唱和，留下哀怨名篇；不久女的早亡，男的无限思念。年过80还是梦绕魂牵……这就是南宋词人陆游与他前妻唐婉的生死恋情……

南宋著名爱国诗人陆游，一生遭受了巨大的波折，他不但仕途坎坷，而且爱情生活也很不幸。

宋高宗绍兴十四年，20岁的陆游和表妹唐婉结为伴侣。唐婉是陆游的堂舅父光州通守唐仲俊的女儿，才貌双全，温柔多情。陆游与唐婉两人从小青梅竹马，婚后更是相敬如宾，而且诗词唱和，兴味相投。然而，唐婉的才华横溢与陆游的亲密感情引起了陆母的不满，以致最后发展到强迫陆游和她分开。陆游和唐婉的感情很深，不愿分离，他一次又一次地向母亲恳求，都遭到了母亲的责骂。在封建礼教的压制下，虽陆游作了种种哀告，但两人还是终归走到了"执手相看泪眼"的地步。根据陆游自己在晚年的诗作（《剑南诗稿》卷十四）起因是因为唐婉不孕，而遭公婆逐出。

陆游迫于母命，万般无奈，便与唐婉忍痛分离。后来，陆游依母亲的心意，另娶王氏为妻，唐婉也迫于父命嫁给同郡的赵士程。这一对年轻人的美满婚姻就这样被拆散了。

10年后的一个春天，31岁的陆游满怀忧郁的心情独自一人漫游山阴城沈家花园。正当他独坐独饮、借酒浇愁之时，突然他意外地看见了唐婉及其改嫁后的丈夫赵士程。

尽管这时他已与唐婉分离多年，但是内心里对唐婉的感情并没有完全摆脱。他想到，过去唐婉是自己的爱妻，而今已属他人，好像禁宫中的杨柳，可望而不可即。

想到这里，悲痛之情顿时涌上心头，他放下酒杯，正要抽身离去。不料这时唐婉征得赵士程的同意，给他送来一杯酒。陆游看到唐婉这一举动，体会到了她的深情，两行热泪凄然而下，一扬头喝下了唐婉送来的这杯苦酒，然后在粉墙之上奋笔题下《钗头凤》这首千古绝唱。

陆游在这首词里抒发的是爱情遭受摧残后的伤感、内疚和对唐婉的深情爱慕以及对他母亲棒打鸳鸯的不满情绪。

陆游题词之后，又深情地望了唐婉一眼，便怅然而去。陆游走后，唐婉孤零零地站在那里，将这首《钗头凤》词从头至尾反复看了几遍，她再也控制不住自己的感情，便失声痛哭起来。回到家中，她愁怨难解，于是也和了一首《钗头凤》词。不久唐婉便郁闷愁怨而死。

此后，陆游北上抗金，又转川蜀任职，几十年的风雨生涯，依然无法排遣心中的眷恋，他63岁，"偶复来菊缝枕囊，凄然有感"，又写了两首情词哀怨的诗：

采得黄花作枕囊，曲屏深幄闷幽香。

唤回四十三年梦，灯暗无人说断肠！

少日曾题菊枕诗，囊编残稿锁蛛丝。

人间万事消磨尽，只有清香似旧时！

他67岁的时候，重游沈园，看到当年题《钗头凤》的半面破壁，触景生

情，感慨万千，又写诗感怀：

> 枫叶初丹槲叶黄，河阳愁鬓怯新霜。
> 林亭感旧空回首，泉路凭谁说断肠。
> 坏壁醉题尘漠漠，断云幽梦事茫茫。
> 年来妄念消除尽，回向蒲龛一炷香。

他75岁时，住在沈园的附近，这年唐琬逝去40年。"每入城，必登寺眺望，不能胜情"，重游故园，挥笔和泪作《沈园》诗：

其一：

> 城上斜阳画角哀，沈园非复旧池台。
> 伤心桥下春波绿，曾是惊鸿照影来。

其二：

> 梦断香消四十年，沈园柳老不吹绵。
> 此身行作稽山土，犹吊遗踪一泫然！

烟雨沈园中，恍恍惚惚间，一个白发苍苍的老人，正缓步踱过伤心桥，踯躅在满地落叶中。已无蝉声，也无画角，只有一个默然凝望断墙柳絮的老人。

他81岁，又作梦游沈氏园亭诗，写下了：

> 路近城南已怕行，沈家园里更伤情。
> 香穿客袖梅花在，绿蘸寺桥春水生。
> 城南小陌又逢春，只见梅花不见人。
> 玉骨久成泉下土，墨痕犹锁壁间尘。

这两首诗以梅花作为主要意象关联到一起，既表示自己的情操"零落成泥碾作尘，只有香如故"，老而弥坚，至死不变，也寓示唐琬高洁的品行，坚韧的节操，更表现出两人真挚的爱情。尽管经历了尘世风霜，但天荒地老不变依旧。

他84岁，离逝世只有一年，再次重游沈园，怀念唐琬，此情至死难忘。《春游》诗云：

> 沈家园里花如锦，半是当年识放翁。
>
> 也信美人终作土，不堪幽梦太匆匆。

诗人自知不久于人世，仍然念念不忘当日眷侣，这一梦长达50年。半个世纪，虽然仍自感匆匆，却赢得了天长地久，这正是诗人高尚的情操与崇高的精神境界。

从那首脍炙人口的《钗头凤》词，加上他几十年后陆续以沈园为题悼念唐琬的几首诗，陆游用自己的一生写下了一段流芳百世、凄婉感人的爱情悲剧。

◎故事感悟

人都说，爱情是可以超越生死的。陆游与唐琬的恋情缠绵了一生一世。虽然唐琬已经逝去，但陆游依然忠贞不贰！这份感天动地的爱情，全部都溶解在那首《钗头凤》里！

◎史海撷英

襄樊之战

襄樊之战是元朝统治者消灭南宋统一中国的一次重要战役，是中国历史上宋元封建王朝更迭的关键一战。这次战役从南宋咸淳三年（1267年）蒙将阿术进攻襄阳的安阳滩之战开始，中经宋吕文焕反包围战，张贵张顺援襄之战，龙尾洲之

战和樊城之战，终因孤城无援，咸淳九年（1273年）吕文焕力竭降元，历时近六年，以南宋襄樊失陷而告结束。

◎文苑拾萃

钗头凤

其一：（陆游作）

红酥手，黄縢酒，满城春色宫墙柳；

东风恶，欢情薄，一怀愁绪，几年离索，错、错、错。

春如旧，人空瘦，泪痕红浥鲛绡透；

桃花落，闲池阁，山盟虽在，锦书难托，莫、莫、莫。

其二：（唐婉作）

世情薄，人情恶，雨送黄昏花易落；

晓风乾，泪痕残，欲笺心事，独语斜阑，难、难、难。

人成各，今非昨，病魂尝似秋千索；

角声寒，夜阑珊，怕人询问，咽泪装欢，瞒、瞒、瞒。

聚散离合死不渝

◎欲寄彩笺兼尺素，山长水阔知何处。——晏殊

> 　　李清照（1084—1155年），号易安居士，南宋女词人，济南章丘人，婉约派代表词人。有《易安居士文集》等著作传世。代表作有《声声慢》、《一剪梅》、《如梦令》、《夏日绝句》等。

　　南宋女词人李清照与丈夫赵明诚恩爱缠绵、至死不渝的爱情故事一直被后人传为佳话，虽然他们的爱情总是游走在聚散离合之间。

　　李清照出生于一个爱好文学艺术的士大夫家庭。父亲李格非进士出身，苏轼的学生，官至礼部员外郎，藏书甚丰，善属文，工于词章。母亲是状元王拱宸的孙女，很有文学修养。由于家庭的影响，特别是父亲李格非的影响，她少年时代便工诗善词。

　　李清照18岁便与太学生丞相赵挺之子赵明诚结为连理。婚后，两人感情融洽，志趣相投，互相切磋诗词文章，共同研砥钟鼎碑石，经常会有新奇感悟和发现。

　　虽然当时夫妻两人家境都较宽裕，但是为了搜集名人书画和古董漆器，他们居然"食去重肉，衣去重彩，首无明珠翡翠之饰，室无涂金刺绣之具"。每逢初一和十五，夫妻两人总要到都城开封的相国寺一带的市场上去寻访金石书画，然后倾囊买回家里。如此几年，积少成多，他们的书斋"归来堂"，单是钟鼎碑碣之文书就有两千卷之多。

在赵明诚编纂《金石录》的时候，李清照给予丈夫全力支持，凭借广博的见识，出众的记忆力，每当丈夫对材料出处有所遗忘或疑惑时，李清照总能很快说出出处。

长此以往，夫妻之间就以谁说得准、说得快决胜负来确定饮茶先后，胜者往往举杯大笑，致使茶倾覆在衣衫上，反而喝不上。在那段日子里，他们相互鼓励，乐在其中。

一年重阳节，李清照作了那首著名的《醉花阴》，寄给在外做官的丈夫："薄雾浓云愁永昼，瑞脑销金兽。佳节又重阳，玉枕纱橱，半夜凉初透。东篱把酒黄昏后，有暗香盈袖。莫道不销魂，帘卷西风，人比黄花瘦。"秋闺的寂寞与闺人的惆怅跃然纸上。

赵明诚接到后，叹赏不已，又不甘下风，就闭门谢客，废寝忘食。三日三夜，写出50阕词。他把李清照的这首词也杂入其间，请友人陆德夫品评。陆德夫把玩再三，说："只三句绝佳。"赵问是哪三句，陆答："莫道不销魂，帘卷西风，人比黄花瘦。"

然而两人的生活好景不长，朝中新旧党争愈演愈烈，一对鸳鸯被活活拆散，赵李隔河相望，饱尝相思之苦。随着赵明诚离家日子的无限延伸，李清照相思之情日甚一日。由于情绪不好，睡眠不足，她的身体渐渐消瘦下来，任何花开花落，秋风春雨，四季更迭的情境都会激发多愁善感的她的创作灵感，用词来寄托和表达自己对爱人的绵绵相思之情成了李清照唯一排解苦闷的方式。

1127年，北方金国攻破了汴京，徽宗、钦宗父子被俘，高宗南逃。李清照夫妇也随难民流落江南。漂流异地，多年搜集来的金石字画丧失殆尽，给她带来沉痛的打击和极大的痛苦。第二年赵明诚病死于建康（今南京），更给她增添了难以忍受的悲痛。

目睹了国破家亡的清照"虽处忧患穷困而志不屈"，在"寻寻觅觅、冷冷清清"的晚年，她殚精竭虑，编撰《金石录》，完成丈夫未竟之功。

◎故事感悟

　　夫妻常常可以同甘，但更贵在可以共苦。李清照与赵明诚志趣相投，感情相笃。在国破家亡后，李清照依然艰难地完成了丈夫的遗愿，其对赵明诚的一份心意，天地可表！

◎史海撷英

元丰改制

　　元丰改制是宋神宗赵顼元丰年间（1078—1085年）对职官制度的一次重要改革。宋初以来的职官制度存在许多问题，一是机构重叠，既无定员、无专职，又有许多徒有其名而无所事事的冗闲机构和官员；二是莅其官而不任其职，官职名实之间悖离、混乱。熙宁（1068—1077年）变法期间，王安石主张，只要各个机构能恢复职能和作用，就算达到了改革的目的。如司农寺、都水监等已对革新发挥了重要作用，收到"董正官制之实"。宋神宗并不以此为满足，熙宁末年，又令校勘《唐六典》，元丰三年，在蔡确、王珪的协助下，对职官制度做了改革。宰辅制度恢复了唐三省制规模：以尚书左、右仆射为宰相；左仆射兼门下侍郎，行侍中之职；右仆射兼中书侍郎，行中书令之职。借以发挥中书揆议、门下审复、尚书承行的职能，实际上权归中书。同时，参知政事改称中书侍郎、门下侍郎和尚书左、右丞。同年八月下令，凡省、台、寺、监领空名者一切罢去，使各机构有定编、定员和固定的职责；许多机构便或省或并，如三司归户部和工部，审官院并于吏部，审刑院划归刑部。过去"官"仅用以定禄秩、序位著，此次改革，一律"以阶易官"，自开府仪同三司至将仕郎共为25阶（宋徽宗时包括选人共37阶），此后升迁、俸禄等都按新定的《元丰寄禄格》办理。

◎文苑拾萃

声声慢

　　寻寻觅觅，冷冷清清，凄凄惨惨戚戚。乍暖还寒时候，最难将息。三杯两盏淡酒，

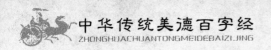
怎敌他、晚来风急！雁过也，正伤心，却是旧时相识。　满地黄花堆积，憔悴损，如今有谁堪摘？守着窗儿，独自怎生得黑？梧桐更兼细雨，到黄昏，点点滴滴。这次第，怎一个愁字了得！

缘分与你相爱一生

◎死生契阔，与子成说。执子之手，与子偕老。——《诗
　经·邶风·击鼓》

> 冰心（1900—1999年），原名谢婉莹，笔名为冰心，取"一片冰心在玉壶"为意。
> 现代著名诗人、作家、翻译家、儿童文学家。生前曾任中国民主促进会中央名誉主席，
> 中国文联副主席，中国作家协会名誉主席、顾问，中国翻译工作者协会名誉理事等
> 职。于1999年2月28日逝世，享年99岁，被称为"世纪老人"。

　　冰心，原名谢婉莹，1900年出生在福建省福州隆普营的一个大户人家，
父亲谢葆璋参加过中日甲午战争，曾担任清朝海军的副舰长。冰心13岁时她
随父母迁住北平，后就读于燕京大学。1919年，初入文坛的冰心发表了她的
两部小说《两个家庭》和《斯人独憔悴》，署名是"冰心女士"。后又发表诗
集《繁星》和《春水》，这使得文坛不得不把目光投注这位年轻且最富生命力
的才女。她美妙的笔锋，清新的诗句，被当时人们誉为"春水体"。

　　1906年，清政府颁布《奏定女学堂章程》，解禁"女学"开始，女子教育
开始被纳入了义务教育体系。民国成立后，女子留学逐渐增多。1923年，冰
心以优异的成绩提前获得燕京大学学士学位以及学校金钥匙奖，并获得了去
美国波士顿威尔斯利女子大学留学的机会。

　　1923年8月17日，随着一声客轮汽笛的长鸣，开往美国的"约克逊"号
邮轮徐徐驶出了上海黄浦江。这艘客轮上有一百多名中国留学生，冰心也在
其中。他们暂别自己的祖国，怀着理想横渡太平洋，到遥远的美国留学。

　　8月18日这一天，冰心忽然想起了一件事情来，她有一个同学叫吴楼梅，其弟吴卓是清华的应届毕业生，也要坐"约克逊"号去美国。吴楼梅托冰心照顾吴卓。冰心想，自己去找不太合适，当时著名作家许地山先生也在客轮上，于是她托许地山先生去找清华的一个姓吴的学生，许地山却找到了吴文藻。冰心见到吴文藻说："你姐姐来信说让我路上照顾你。"可是吴文藻却"糊涂"了，吴文藻告诉冰心，自己的姐姐文化程度不高，不知道是什么时候写的信。冰心跟吴文藻说着说着觉得不对劲，后来吴文藻说自己并不是吴卓，而是也要到美国留学的学生，叫吴文藻。冰心发现自己找错了人，脸一下子红了起来，吴文藻也一下子愣在了她面前。但是吴文藻觉得，窘态尴尬中的冰心显得是那么动人。

　　为了缓和尴尬的气氛，他们开始依在栏杆上聊天。在交谈的过程中，冰心得知，这位她错认的吴文藻，1901年出生在江苏江阴县夏港镇，16岁时考入清华大学。这次留学美国，是要到美国东北部的新罕布什尔州达特默思学院攻读社会学。吴文藻问冰心，有没有读过评论拜伦和雪莱的书，冰心说没有，吴文藻就略带严肃的口吻直率地说："你学文学的，这些书你都没看，这次到美国，你要多读一些书，要不然算是白来一趟了。"冰心听着吴文藻的话，心里此时是不平静的。她长这么大，吴文藻是唯一一个这样跟她说话的人，给她留下了深刻的印象。在赴美留学的客轮上，冰心与吴文藻两人的相识似乎是上天有意的一次安排，冰心悚然地把吴文藻作为她的第一个净友、畏友。

　　到美国后，冰心在波士顿的威尔斯利女子大学，而吴文藻则在美国东北部的新罕布什尔州达特默思学院学习，两人相隔很远，很少有机会见面的。虽然常有书信往来，对彼此也有了更深地了解，但他们一开始，也还是保持着普通文友的关系。冰心到波士顿不久，就收到吴文藻写的一张明信片，她觉得吴文藻是一个有点"与众不同"，因为吴文藻是唯一给她写明信片的，她回复了一封信。同样刚到美国的吴文藻，接到冰心的第一封信件感到有些意外，他对冰心的第一印象其实非常好，想起自己在船上自己问冰心的话，便用平时节省下来的钱给冰心买了几本书，寄到了波士顿，作为对冰心第一封信的回应。不同的是，在邮寄给冰心的书里面的爱情句子，吴文藻都用红笔把它们标示出来，实际上是通过送书传达了自己对冰心的倾慕。

1923年的圣诞节，吴文藻想趁放年假的机会好好游览一下纽约，当他路过波士顿时，意外地听到了冰心生病住院的消息。原来，冰心到美国后不久，患了支气管炎，严重到了呕血的程度，就住进金山疗养院疗养。冰心生病的消息使得吴文藻改变了游览纽约的行程计划，而是前往疗养院看望冰心，病中的冰心见到突然出现的吴文藻，心里是十分欣喜的。因虚弱而面目苍白的冰心让吴文藻非常担心，吴文藻一再叮嘱冰心要她要跟医生配合，要按时吃药，多保重自己。面对路过波士顿特地前来看望自己的吴文藻，冰心有一种感动，此时在冰心的心里，已经逐渐地接受了这位净友，不再是把吴文藻当作是一般的文友了。经过疗养，冰心终于在第二年的夏天病愈出院，回到了威尔斯利女子大学。

几个月后，梁实秋等人决定在波士顿公演一部英文版的中国戏，剧目是《琵琶记》，邀请冰心出演一个角色。那时候美国对中国的文化及戏剧还是很不了解的，于是，留学生们尽量找一些机会向美国人展现中国的文化。当冰心得知自己要饰演其中的一个角色后，她第一个想邀请前来看戏的人便是吴文藻。于是，冰心给吴文藻写了封邀请信。

1925年3月的一天，美国东北部的新罕布什尔州积雪还没有完全融尽，群山环绕下的达特默思学院里，许多留学生正夹着书本三三两两地走着，在穿往的人群中，有一位身着西服、相貌俊朗的中国年轻男子缓缓地踱着步子。他手里拿着一封信，走到校园里的一个僻静角落，在树下的长椅上坐了下来，小心翼翼地打开手里的信封。这是他刚刚收到的一个在离他数百公里以外的年轻女子给他的信，里面除了信纸，还附着一张演出的入场券。信中说，在美国的波士顿将要公演一出中国戏剧，写给他信的女子告诉他，她要饰演其中的一个角色，她非常期盼这位男子来观看这场戏，于是，特地写信邀请他。

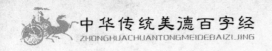

这位年轻的中国男子，不是别人，就是日后成为中国现代社会学奠基人的吴文藻先生，而来信的女子就是冰心。面对冰心的邀请，吴文藻犹豫着，思虑再三，最后写信谢绝了冰心的好意邀请。

《琵琶记》经过精心排练之后终于要在波士顿美术剧院公演了。尽管吴文藻已经明确表示不能前来观看，但冰心依旧有着一种盼望，演出开始的铃声响过后，没能等到吴文藻的冰心显得有些沮丧，转身走向了后台。舞台的大幕徐徐拉开，英文版的《琵琶记》开始正式演出。这部戏讲述的是东汉时，陈留县秀才蔡中郎告别父母和妻子赵五娘进京赶考，高中状元后，牛宰相看中了蔡中郎，强迫招赘为婿，随后，蔡中郎的妻子赵五娘独自一人背着琵琶卖唱度日进京寻夫的故事。当时在这出戏中，梁实秋饰演蔡中郎，冰心的同学谢文秋饰演赵五娘，而饰演牛宰相之女牛小姐的便是冰心。冰心刚一上台亮相，突然发现看台里有一个熟悉的身影，这个人就是吴文藻。原来，吴文藻在寄出拒绝前来看冰心出演《琵琶记》的信之后，心里总是"忐忑不安"，自己也觉得不对劲，其实自己还是很想去的。最后，吴文藻在开演时赶到了剧场。

波士顿美术剧院的演出结束后，冰心悄悄地走到吴文藻的身边，轻声细语地对他说："上次生病的时候，你来看我，我很高兴。"说完，冰心转身羞涩地离开了。吴文藻听了冰心的话，知道冰心对他是很在意的，此时的吴文藻也已经感受到了自己对冰心的感情。虽然两个人各自都已经开始心生爱意，但两个人都比较矜持，始终没有向对方吐露心声。

1925年夏天的暑假，又一次意外的相遇，才使冰心与吴文藻的爱情心花彻底绽放。当时美国的大学研究生院规定，学生除了掌握本国的语言外，还必须掌握两门外语才可以毕业。冰心选修了法语。她来到了康奈尔大学暑假学校补习法语，在课堂上，一个不经意的回眸，却看见了衣着整洁面带微笑的吴文藻。此时的冰心甚是惊喜，就问吴文藻："你怎么也来了呢？"吴文藻回答说："我也需要补习第二门外语，为了通过考试，所以利用这个暑期赶来了。"说完，两个人相视会心地笑了起来。

在冰心与吴文藻之间有了太多的偶然，以至于他们开始相信，这就是一种情感的缘分。在这年暑假，冰心与吴文藻两个人可谓朝夕相处，上午补习外语，下午相约出去散步或者划船。刻尤佳湖是康奈尔大学附近的一个湖泊，湖中经常会出现一叶小舟，舟上载着一对年轻的中国学子，他们就是冰心和吴文藻。

一天，他们又一次在湖上荡开双桨，小舟静静地飘在湖面上。可是，吴文藻再也无心流连湖光水色，他终于鼓起勇气向冰心说："我们可不可以最亲密地生活在一起，做你的终身伴侣是我最大的心愿。当然，你不一定立即要回答我，请你考虑一下。"冰心听了吴文藻的表白以后，很是激动，什么话都没说，心却在"咚咚"地乱跳。回来后，她一夜没睡。第二天，吴文藻又约冰心散步，冰心告诉吴文藻说，对于他对自己的感情，自己是没有意见的，但要得到父母的同意，才能最后定下来。面对冰心谨慎的态度，吴文藻是理解的。获得爱情后的冰心，写下了她平生难得一见的爱情诗句："躲开相思，披上裘儿，走出灯明人静的屋子，小径里明月相窥，枯枝在雪地上，又纵横地写遍了相思。"

1926年7月，冰心顺利完成了在美国的学业，接受了司徒雷登的邀请，回到燕京大学任教，吴文藻则决定到美国哥伦比亚大学继续攻读博士学位。在冰心回国前，吴文藻特地赶到了波士顿，交给冰心一封长信，这是吴文藻的正式求婚信。信是给冰心父母的，在这封求婚信中，吴文藻用一句话概括了他对冰心的理解："令爱是一位新思想与旧道德兼备的完人。"1929年，吴文藻获得博士学位后回国，到上海拜见了冰心的父母。两位开明的老人非常尊重女儿的选择，也很喜欢吴文藻的诚恳、博学和质朴，欣然同意了他们的婚事。

冰心与吴文藻的爱情，或许我们只能用一个今天说起来有些俗气的词语来形容，这就是"缘分"。他们的爱情一直相伴他们的一生，最后，羽化成蝶。

◎故事感悟

　　几次的偶然，注定了两人一生的相守，在异国求学的冰心与吴文藻虽接受了新思想，但二人仍然不敢越雷池，最终在父母的祝福下走进婚姻的殿堂！他们相敬如宾，彼此支持，互相鼓励，均成为中国现代史上的名人。

◎史海撷英

"退款兴学"与留学潮流的转向

　　1901年《辛丑条约》规定，中国付各国战争赔款共计白银4.5亿万两，史称"庚子赔款"。1906年，伊里诺大学校长詹姆士提醒美国政府应当采用一种"从知识上与精神上支配中国的领袖的方式"来控制中国的发展。

　　1908年，美国国会通过议案，决定从1909年起，将美国所得庚子赔款的一部分以"先赔后退"的方式退还给中国，并建议中国政府以所退庚款发展留美教育。美国的这一举动后来被部分相关国家仿效，这就是所谓的"庚款兴学"或称"退款兴学"。

　　为了实施庚款留美计划，中国政府专门拟定了《遣派留美学生办法大纲》，在华盛顿设立"游美学生监督处"作为管理中国留美学生的机构，在北京设立"游美学务处"，负责留美学生的考选派遣事宜，并从1909年起实施。原计划每年派遣100名，后因考试成绩不佳，实际为1909年47名，1910年70名，1911年63名。游美学务处在直接选派留美生的同时，又着手筹建留美预备学校——清华学堂，于1911年4月29日正式开学，正常情况下招收13岁左右的儿童入学，隔年招收10名女生，其西学教师基本来自美国，课程设置、教材选用、教学方法、学生生活习惯都仿效美国。

　　通过"退款兴学"美国达到了"把中国的留学潮流引向美国"的目的，中国留学生的流向结构从此发生了重大变化。

◎文苑拾萃

冰心体

　　冰心散文的语言清丽、典雅。她善于提炼口语，使之成为文学语言。她能把古典文学中的辞章、语汇吸收融化，注入现代语言中去。在五四运动初期，冰心就以白话文从事创作。在行云流水般的行文里，在引诗援典或遣词造句中时而出现某些文言词语。然而，并非文白相加，而是经过精心提炼、加工，使之相互融合，浑然一体，形成独特的语言艺术：既凝练明快又清新婉丽。或色彩鲜明，或素缟淡雅，都带有浓重的抒情性，给人以如诗似画的美感。其错落有致的长短相间的句式以及排比、对仗等的恰当穿插，更增强了语言的音乐性。广大读者对这种语言交口称赞，以致把后来的既表现出白话文的流畅、明晰，又有文言文的洗练、华美的语言，统称之为"冰心体"语言。

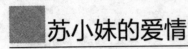

苏小妹的爱情

◎只愿君心似我心，定不负，相思意。——李之仪

> 苏小妹（生卒年不详），苏轼的妹妹，四川眉州（今四川眉山）人，她从小习读诗文，精通经理，是个有才识的女子。

苏小妹是苏轼的妹妹，从小知书达理，长大后是个有名的才女。

苏小妹身材匀称，薄唇圆脸，乌黑的大眼睛，高高的额头，突出的双颊，一看就是一副灵慧的样子。

苏小妹从小爱与两个哥哥比才斗口，一派天真。她见大哥苏轼满腮胡须，肚突身肥，宽袍大袖，不修边幅，不拘小节，更是她斗口的对象，于是整天在家口战不休。

苏家兄妹戏谑起来，百无禁忌，常常是语带双关。

有年冬天，雪后初晴，苏轼披裘坐在向阳的地方晒太阳，寒风吹过，裘毛拂动。苏小妹在旁边走过，看到这一景象，当即吟道："风吹裘裘毛乱动。"说完看着苏轼傻笑，一副得意的神气。这时，墙角的墙壁上正好结了些冰，在太阳的照射下融化成雪水，顺着墙壁直往下淌，苏轼想也没想，顺口就说："日照壁壁水直流。"对偶工整。

还有一次，苏小妹正蹲在井边剖鱼，苏轼从外面回来，一见，立即说道："妹妹剖鱼，蹲下来一分两半！"苏小妹犹豫了一下，将头微微扬起，对哥哥说："哥哥骑马，跨上去又加一鞭。"

一天，苏轼跟一群和尚出外游玩，苏小妹亦步亦趋地跟着，突然看到一个和尚在江中游泳，载沉载浮，碧波中就好像一个光溜溜的圆球滚动不已，苏小妹不禁吟道："清江水中洗和尚，浪滚葫芦。"主持当即对道："碧纱帐内坐佳人，烟笼芍药。"苏小妹不甘示弱，再出一联："僧眠锦被，万花丛中一葫芦。"主持立即对道："女对铜镜，半亩塘中两菡萏。"

苏小妹见江心有个和尚在撑船，话题一转，吟道："和尚撑船，篙打江心罗汉。"主持仔细推敲后，吟道："佳人汲水，绳牵井底观音。"苏小妹不甘心，再次吟道："五百罗汉渡江，岸畔江心千佛手。"主持火速对道："一个佳人望月，人间天上两婵娟。"众人听了，无不叫好。

苏小妹渐渐长大，她的婚姻问题日益成为苏氏父子考虑的问题。苏小妹有才，要找一个称心如意的人来做丈夫比较难。

黄庭坚古道热肠，把王安石的儿子王雱介绍给苏小妹，并把王雱的得意之作拿来给苏小妹品评。苏小妹左看右看，最后说："新奇藻丽有余，含蓄雍容不足，难成大器。"黄庭坚说王雱绝顶聪明，读书一遍就能了然于胸。这时，一直坐在旁边默不作声的苏洵冷冷地说："这有何稀奇，谁家的儿子看书还要看两遍呢？"黄庭坚一听，这才无话可说了。

此时，秦少游经常出入苏家，引起了苏小妹的注意。

秦少游，江苏高邮人，出生于一个家道中落的地主家庭，田园收入不足以自给。秦少游在宋神宗元丰五年（1082年）和元丰八年两度入京应试失败。宋哲宗元祐五年（1090年），他第三次进京，多亏苏轼相助，才得以及第，留京五年，升任太学博士，兼国史院编修。从此，他和苏轼的关系介于师友之间，十分投契。

一天，苏小妹在哥哥那里看到了秦少游的诗文，不禁发出由衷的赞叹。这是十分少见的事，于是父兄便心里有数，设法促成了这段婚姻。

新婚之夜，苏小妹别出心裁，要新郎官解开她出的三个诗谜才准进洞房。第一道诗谜是："铜铁投烘冶，螟蚁上粉墙；阴阳无二义，天地我中央。"第一句铜铁投入烘炉中冶炼是"化"的意思；第二句螟蚁爬上雪白的粉墙是"沿"的意思，"沿"与"缘"相通；第三句阴阳只有一义，那就是"道"；第四句天

地宇宙中间的，就是"人"了。四句合起来是"化缘道人"。秦少游略为思考，便得到了答案，不禁哑然失笑。

原来，当黄庭坚告诉秦少游，苏家准备把苏小妹嫁给他为妻时，他虽然应允了，但听说苏小妹突额凹睛，对自己未来妻子的容貌着实放心不下。

一天，得知苏小妹要入庙进香还愿，秦少游计上心来，把自己打扮成化缘道人，在道观门前等着。苏小妹轿子一到，秦少游立即上前求道："小姐多福多寿，愿发慈悲！"苏小妹在轿子里问道："道人何德何能，敢求布施？"秦少游要的就是苏小妹搭腔，立即说道："愿小姐身如药树，百病不生！"苏小妹道："随道人口吐莲花，分文无舍。"边答边想，听这道人的口音甚是悦耳动听，像是秦少游，忍不住掀开轿帘要看个究竟。秦少游要的就是苏小妹露出面孔。一见之下，觉得苏小妹气质高贵，灼灼逼人，好不高兴。

苏小妹回到家中，越想越觉得秦少游敦厚可爱，于是就有了洞房之夜的第一道诗谜，意在捉弄捉弄他，以增加喜日气氛。

秦少游提笔回了一首："化工何意把春催，缘到名园花自开。道是东风原有主，人人不敢上花台。"诗中每句句首的字合起来就是"化缘道人"，全诗还隐含着道歉的口气。

苏小妹看罢芳心窃喜，喜的是丈夫才思敏捷。

接着，又传出一首诗谜，并声明全诗打四位历史人物，必须一一注明谜底。诗谜是："强爷胜祖有施为，凿壁偷光夜读书。丝缕缝线常忆母，老翁终日倚门间。"

秦少游学富五车，想都未想就猜出第一句强爷胜祖是孙权，第二句凿壁偷光是孔明，第三句由丝缕缝线想到"慈母手中线，游子身上衣。临行密密缝，意恐迟迟归"，这自然就是子思了。第四句老翁整天倚门间，自然是望，那就是姜太公吕望了。

下一道是诗联，上联是："双手推开窗前月，月明星稀，今夜断然不雨。"

苏轼在旁看了，暗暗发笑，伸出一个指头，指着"雨"字。秦少游心领神会，立即答出："一石击破水中天，天高气爽，明朝一定成霜。"

房门打开，苏小妹含羞站在门边，秦少游欣然入内，成就了一段美满婚姻。婚后，苏小妹与秦少游形影不离，相敬相爱，如胶似漆。

◎故事感悟

才女和才子的结合，充满了雅趣，正因为他们忠于爱情，珍惜他们之间的爱，熔铸他们之间的爱，让爱更浓，这才留下了一段千古佳话。

◎史海撷英

给诗加"腰"

有一天，苏小妹、苏东坡和黄山谷三人在一起谈论诗句。

苏小妹说："轻风细柳，淡月梅花。两句中间各加上一个字，作为诗的'腰'，成为五言联句。"

苏东坡略加思索，随即说出："轻风摇细柳，淡月映梅花。"苏小妹说："还算好。不过，这个'腰'不够美。"

黄山谷接着吟道："轻风舞细柳，淡月隐梅花。"

苏小妹说："是个佳句，但是仍然没用上理想的字。"

这时苏东坡忍不住了，问："那么，妹妹你加的是什么字呢？"

苏小妹说："兄长的'摇''映'二字，确实写出了柳的动态和月的皎洁，但山谷公的'舞''隐'，要略胜一筹。因为'舞'是模仿人的动作，把柳的姿态反映得更加形象；'隐'是夸张写法，使月的皎洁更加突出。而我要说的是：'轻风扶细柳，淡月失梅花'。"苏东坡、黄山谷听了，一起鼓掌称赞。

苏小妹的"扶"字和"失"字，好在"扶"的拟人化更准确，既写出了风的轻微、柳的纤弱，又写出了风与柳的亲昵和互相依偎的神态，所以比黄山谷的"舞"更生动得体。"失"字，也比"隐"字更传神，它准确地写出了月、梅融为一体的情景。

◎文苑拾萃

静思伊

（宋）苏小妹

静思伊久阻归期，久阻归期忆别离。

忆别离时闻漏转，时闻漏转静思伊。

初入庐山三首

（宋）苏轼

青山若无素，偃蹇不相亲。

要识庐山面，他年是故人。

自昔怀清赏，神游杳蔼间。

如今不是梦，真个在庐山。

芒鞋青竹杖，自挂百钱游。

可怪深山里，人人识故侯。

"才女"柳如是的爱情

◎春蚕到死丝方尽，蜡炬成灰泪始干。——李商隐

柳如是（1618—1664年），浙江嘉兴人，本名杨爱，后改名柳隐，字如是。因读宋朝辛弃疾《贺新郎》中："我见青山多妩媚，料青山见我应如是"，故自号如是。柳如是是活动于明清易代之际的著名歌妓才女，幼即聪慧好学，但由于家贫，从小就被掠卖到吴江为婢，妙龄时坠入章台，易名柳隐，在乱世风尘中往来于江浙金陵之间。她留下了不少值得传颂的轶事佳话和颇有文采的诗稿《湖上草》、《戊寅卓》与尺牍。

柳如是长得丰姿逸丽，风度翩翩，若惊鹤飞鸿，性情正直慧敏。她善于作诗，尤其长于近代七言体。书法也很好，得源于唐代书法家虞世南和褚遂良的墨迹。她20多岁的时候嫁给了虞山蒙叟钱宗伯，从此名声显著。

柳如是也曾对人说："天下唯虞山钱学士方可称才。我非有才如钱学士的人不嫁。"恰好虞山钱学士钱宗伯丧偶，闻之大喜说："天下竟有如此爱才的女子。我也非有才如柳如是不娶。"钱门多狎客，都争相传递他的戏言。一直到庚辰年的冬天，柳如是方和钱宗伯相遇。钱宗伯遂建造闻室，十天后即落成。钱柳二人席地而坐，围着酒垆畅饮而谈，一起送别旧岁月。钱宗伯和柳如是朝夕相处，一起品读古籍，常常争先石鼎搜联句，或薄怒银灯算劫棋。钱宗伯吟咏的爱好晚年更加笃厚。有时遇有图史的校对等，钱宗伯总是请问柳如是。每逢画眉之余，临文有所讨论，柳如是也总上楼翻阅古书。虽然书籍很多，但某书某卷柳如是信手取来翻视，往往百无一失。或者书中略有谬误，柳如是也能随即辨正。钱宗伯赏识她的聪明善解，因而更加爱怜和器重她。

柳如是曾生了个女儿，后来嫁给了毗陵的赵编修赵玉森的儿子。康熙初年，钱宗伯的儿子接他进城同住。柳如是则和女儿与女婿仍然住在红豆村。两年后钱宗伯患病，柳如是听说后离开红豆村进城侍候。不久，钱宗伯死了。柳如是在城中守丧也没有及时回来。先前钱宗伯和他的家族不相和睦，于是假托钱宗伯过去有负于他们。家族中的狡悍之徒聚集了百余人到钱宗伯的灵堂闹事。

柳如是哭泣着说："家有长嫡，义不坐受凌削。我尚有些薄资留着也无用，可以拿出来给大家以消除过去的积怨。"说罢便立刻拿出一千金给了他们。可是他们仍然喧闹不息。柳如是质问说："你们想干什么？"

一位家族中的人说："昨日给的是夫人的钱财，不足以赡养族人。你们家华馆连云，肥田无数，为什么不能拿出一半来分给贫穷的人。"钱宗伯的儿子很害怕，不敢露面。柳如是寻思到他们的欲望无厌。就像宋朝被迫割地一样，地不尽，金兵不止。于是暗中召集宗伯的至亲以及平素不错的邻居，又找了官府管理治安的人前来协商。协议书写好后，柳如是和众人盟誓说："如果念及已往的恩德品行，就不要违背今天的话。"众人也都应诺。于是柳如是来到官府办公的地方，对族人委婉地说："我的钱财都给了大家，实在不足为赠。明日再为大家摆酒席，尽其所有。府君的基业固然存在，我是不吝惜的。"族人方才散去。当天便杀猪宰羊准备宴席，通宵达旦。钱家宗族的人都来到钱府上。柳如是让他们依次吊丧后列坐，然后让家人关好前门，自己方入室登荣木楼，好像要取东西似的。

等了很长时间也不见如是出来，家人心中开始惊疑，上楼一看，结果柳如是投环自尽了，并在墙壁上写着："齐心协力绑缚饮酒的人，而后报官。"钱宗伯的儿子见了和家人放声痛哭。绳索已在前一天预备在室中，于是拿出来全力绑缚凶党，因为已经关上门而没有人能逃脱。时间不长官府来了人，穷治其罪，并把带头闹事的族凶押到狱中，依法处治。

柳如是本来像是泥中的弱絮，后来结识并嫁给了钱宗伯，钱死后家遭不幸，如是从容殉义，以表示反抗家族宗人的欺侮，难道不是伟大的举动吗？钱宗伯开始认识柳如是时，已经是黝颜鲐背、鬓发斑白的老人了，而柳如是则满头乌发，凝脂玉体。新婚燕尔之夜，钱宗伯说："我非常爱你的头发如云之黑，肌肤如玉之白。"柳如是则说："我也很爱君的头发就像妾的玉肤，君的肌肤就像妾的乌发。"于是二人互相大笑。所以当年的酬赠也有"风前柳欲窥青眼，云里山应想白头"的诗句。

◎故事感悟

一代才女柳如是忠于爱情的故事，深刻地打动着历代钟情的青年女子。柳如是为爱殉义虽不值得提倡，但对爱情的呵护和忠贞程度可见一斑。

◎史海撷英

柳如是刚烈不降清

当崇祯帝自缢，清军占领北京后，南京建成了弘光小朝廷，柳如是支持钱谦益当了南明的礼部尚书。不久清军南下，当兵临城下时，柳氏劝钱与其一起投水殉国，钱沉思无语，最后走下水池试了一下水，说："水太冷，不能下。"柳氏"奋身欲沉池水中"，却给钱氏硬托住了。于是钱便腼颜迎降了。钱降清去北京，柳氏留在南京不去。

◎文苑拾萃

南乡子·落花

柳如是

拂断垂垂雨，伤心荡尽春风语。

况是樱桃薇院也，堪悲。

又有个人儿似你。

莫道无归处，点点香魂清梦里。

做杀多情留不得，飞去。

愿他少识相思路。

杨花

柳如是

轻风淡丽绣帘垂，婀娜帘开花亦随。

春草先笼红芍药，雕栏多分白棠梨。

黄鹂梦化原无晓，杜宇声消不上枝。

杨柳杨花皆可恨，相思无奈雨丝丝。

ZHONGHUACHUANTONGMEIDEBAIZIJING
中华传统美德百字经

情·夫妻情笃

第三篇

革命情侣的坚贞爱情

为牺牲六载的丈夫送葬

◎相思似海深，旧事如天远。——乐婉

李大钊（1889—1927年）字守常，河北省乐亭县人。1907年考入天津北洋法政专门学校学习政治经济。1913年冬，东渡日本，考入东京早稻田大学政治本科学习。当日本帝国主义向袁世凯提出灭亡中国的"二十一条"后，他积极参加留日学生总会的爱国斗争。他起草的《警告全国父老书》的通电迅速传遍全国，因此成为举国闻名的爱国志士。1916年回国后，积极参与新文化运动，先后发表了《法俄革命之比较观》、《庶民的胜利》和《布尔什维主义的胜利》等文章和演说。1921年中国共产党成立后，李大钊代表党中央指导北方的工作。后来被军阀绞杀，年仅38岁。

　　李大钊，中国共产党创始人之一。1889年10月29日诞生于河北省乐亭县大黑地村。在他出世前，父亲就去世了，出生不到16个月母亲也去世。因为他"既无兄弟，又鲜姐妹"，只得由祖父李如珍抚养成人。

　　由于家里缺少劳动力，在他10岁那年，祖父就给他完了婚。夫人赵纫兰，是个乡下妇女，缠着小脚，目不识丁，而且比他大6岁。在以后的日子里，她辛勤地操持家务，帮助丈夫，不管家境多么困难，她总是赞助、支持丈夫的活动。夫妻之间相敬如宾，患难与共。

　　1905年，李大钊考入永平府中学。不久，祖父去世，家里的财产被姑母和一个本家叔叔挥霍殆尽，在理想难以实现，又面临失学的威胁时，李大钊依靠夫人的支持，"辛苦艰难，典当挪借"，于1907年夏天赴天津求学。

　　1916年，李大钊从日本留学回国后，才华初露。他对自己的妻子还是一如既往，相亲相爱。1918年1月，他到北大任图书馆主任后，常常有很多男女知名人士到家中拜访。每当客人光临，李大钊总要把自己的妻子请出来，同客人见面，还帮妻子换衣服，扣扣子，细心地拉平衣襟。

那时的李大钊，刚刚30岁出头，风华正茂，而妻子年近四旬，红颜衰老，但他对妻子的体贴却未减半分。回到家中，他不是帮妻子做饭，就是照料孩子，忙个不停。他说："两性相爱，是人生最重要的部分，应该保持它的自由、神圣、崇高。不可强制它、侮辱它、屈抑它，使它在人间社会，丧失了优美的价值。"李大钊的品德学识，在当时的知识界影响极大，就连同他持有敌对政见的人也不得不称赞他："为人又热情勇敢，有气节有操守。燕赵自古多慷慨悲歌之士，李大钊，适其人也。"

1924年5月下旬，李大钊被北洋军阀政府明令通缉，他不得不离开北京，到昌黎五峰山暂避一个时期。他的夫人很为他担忧，请人捎信到五峰山说，她想去托人设法取消通缉令。李大钊立刻写信劝阻她，并勉励她说："现在我的工作很忙，今后再也没有时间来照顾家庭了。你应当坚强起来，千万不要为我的生活颠沛流离焦急，而要振作起精神来抚养和教育子女。"

1927年4月6日，正好是清明节，天气晴朗。夫人赵纫兰带着小女儿到附近儿童娱乐场散步去了，李大钊坐在黑色的桌旁写字，长女星华在外屋看报。突然，一群特务闯进屋来，逮捕了李大钊。他的夫人与两个女儿也一同被捕。

1927年4月28日上午10时，敌人的所谓特别法庭突然开庭审判：对李大钊等人立即处以绞刑。他牺牲时年仅38岁。

李大钊牺牲以后，赵纫兰的精神受到了极大的创伤，身体每况愈下，成为一个被疾病缠身的妇人。支撑她顽强地生活下去的，是两大心事：一是李大钊就义后，灵柩一时不好安葬，被暂放于宣武门外的妙光阁浙寺，尚未入土为安；一是孩子们太小，最小的儿子刚刚几个月，她不能倒下。

当时，赵纫兰感到最欣慰的是大儿子葆华那日到郊外春游，躲过了牢狱

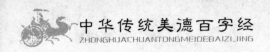
之灾。李大钊牺牲后，葆华被李大钊的朋友们秘密送到日本留学。这使她放下了悬着的另一颗心。

1927年6月10日，赵纫兰带领星华、炎华、光华、欣华离开北京这个伤心之地，回到了乐亭老家。李大钊牺牲时，家里一贫如洗。即便反动当局不限令赵纫兰和她的孩子返回原籍，一家人也难以在北京生活下去了。当时，曾有人拟将她和孩子们送往苏联，她思虑再三，还是谢绝了这番好意。她不是不想去十月革命的故乡，而是顾忌自己的身体在丈夫猝死之后一下垮了下来，极可能一去难返。

回到家乡，房在，地在，亲人都在，加上北京大学按月寄生活费以及亲友资助，一家人的生活尚能勉强维持。家里的生活有了着落，赵纫兰的身体却一天不如一天了。本来指望北伐军早日打下北京，待红旗飘满古都时安葬李大钊。不想，蒋介石在李大钊没有走上刑场时就背叛了革命，最终窃取了北伐战争的所有胜利成果。待一年后所谓的"北伐革命军"占领北京时，北京的局势只是换汤不换药，出殡的事只好一拖再拖。

等了一年又一年，熬了一天又一天，赵纫兰见革命成功之日遥望无期，自己的身体越来越差，百般无奈，只好求助北京大学出面为李大钊操办葬礼。北京大学校长蒋梦麟是李大钊的老同事，与李大钊相交甚笃，他到处周旋，终于得到国民党当局的默许。紧接着，他又组织人发起募捐，筹集了一笔殡葬费用。

安葬李大钊灵柩的事情有了着落以后，赵纫兰拖着病体于1933年春天义无反顾地来到北京。当党组织派人找她联系，商议把李大钊的葬礼搞成一次大规模的示威游行时，她毫不迟疑地回答："李先生是属于党的，他是为革命而死的，党组织怎样指示，就怎样办吧！只要是我能做到的，我一定尽力去做。"当蒋梦麟派人提出别把声势搞大，走离浙寺较近的西便门出城时，她却没有同意。她坚持要从城里走。她说："李先生生前为人民做了许多好事，又死得这么悲惨，马马虎虎地出殡，我于心不忍！"

　　1933年4月23日，按农历计算，是李大钊就义六周年的后两日，李大钊烈士的公葬仪式在北京举行。沿途送葬的群众很多，党组织借机组织青年学生搞起了示威。送殡队伍行至西四牌楼时，遭到了国民党军警的镇压。当时，不少人被捕，殡仪队伍被冲个七零八落。赵纫兰又气又恨，坐在骡车上看着这一切。出殡场面被搞成这个样子，她一点也不后悔。她心中只有恨，对新的反动当局的恨，对破坏出殡的暴徒的恨。是日下午，李大钊的灵柩被护送到香山东麓的万安公墓。在墓穴旁边，她见到了地下党组织派人送来的一块墓碑。墓碑上方刻了一个红五角星，内镶镰刀锤子图案，竖刻的一行大字是"中华革命领袖李大钊同志之墓"，碑的背面刻的是对李大钊的革命功绩给予高度评价的碑文。她感到无比欣慰，把这块珍贵的墓碑看了又看，泪水流个不停。这碑作为墓志铭，随灵柩一同埋在了地下。

　　安葬李大钊归来，赵纫兰一卧不起。为惨死六载的丈夫送葬，她几乎耗尽了心血。她知道，她到丈夫身边的日子不远了。在病危时，她很心安，脸上甚至浮现了难得的笑容。临终前，她念念不忘的是送葬那天惨遭毒打和抓捕的青年学生，不时地喃喃叨念："……那个孩子……血呵……报仇呵……"

　　1933年5月28日，赵纫兰逝世。

◎故事感悟

　　夫妻间的感情是需要经营的，在李大钊生前，他们相亲相爱；在李大钊死后，赵纫兰顽强地抚养教育子女，并且为了让李大钊入土为安，她几乎耗尽心血。这份真挚的爱，感天动地！

◎史海撷英

李大钊和中国共产党的创建

　　1913年，李大钊东渡日本，就读于东京早稻田大学，开始接触社会主义思

想和马克思主义学说。

1916年回国后，他积极投身新文化运动，宣传民主、科学精神，抨击旧礼教、旧道德，向封建顽固势力展开猛烈斗争。他和他的战友们改造旧中国的决心和激情，有力地激发了当时中国青年的蓬勃朝气和进取精神。

1917年俄国十月革命胜利后，李大钊同志备受鼓舞，连续发表《法俄革命之比较观》、《庶民的胜利》、《布尔什维主义的胜利》、《新纪元》等文章和演讲，热情讴歌十月革命。

他以敏锐的眼光，深刻认识到这场革命将对20世纪世界历史进程产生划时代的影响，也从中看到了中华民族争取独立和中国人民求得解放的希望。在宣传十月革命的过程中，他自己的觉悟得到迅速提高，从一个爱国的民主主义者转变为一个马克思主义者，并且成为我国最早的马克思主义传播者。

1919年，伟大的五四运动爆发，这是中国近代历史上第一次彻底的不妥协的反帝反封建的爱国运动。李大钊同志热情投入并参与领导了五四运动。在这场运动中和运动之后，他更加致力于马克思主义的宣传，做了大量工作。他在《新青年》发表的《我的马克思主义观》中，系统介绍了马克思主义理论，在当时的思想界产生了重要影响。

五四运动和马克思主义在中国的传播，为中国共产党的成立做了思想上和组织上的准备。

1920年3月，李大钊同志在北京大学发起组织马克思学说研究会。同年秋，他又领导建立了北京的共产党早期组织和北京社会主义青年团，并积极推动建立全国范围的共产党组织。

1921年，中国共产党宣告成立，这是中国近现代史上开天辟地的大事件，中国革命的面貌从此焕然一新。李大钊同志对中国共产党的创建作出了至关重要的贡献。

◎文苑拾萃

李大钊诗词

丙辰春，再至江户。

幼蘅将返国，同人招至。

壮别天涯未许愁，尽将离恨付东流。

何当痛饮黄龙府，高筑神州风雨楼。

任弼时情感如初

◎花红易衰似郎意，水流无限似侬愁。——刘禹锡

任弼时（1904—1950年），伟大的马克思主义者，杰出的无产阶级革命家、政治家、组织家，中国共产党和中国人民解放军的卓越领导人，以毛泽东同志为核心的中国共产党第一代领导集体的重要成员。

任弼时1904年出生于湖南湘阴县唐家桥一个贫苦教员之家，原名培国。他的妻子陈仪芳是小时候父母做主定下的娃娃亲，也就是封建传统中的"童养媳"。陈仪芳比任培国大两岁，长到12岁时正式进入任家，与10岁的任培国同在一个屋檐下生活。

两个孩子自小受到良好家风的影响，都特别懂事。他们天真无邪，到一起后童稚可爱的天性，让他们很快成了好朋友。任培国一从学校回来，两个人就粘在一起玩儿，或者陈仪芳看着任培国做作业，或者跟任培国一起帮家里做些家务事，感情十分亲密。

任家当时生活很清贫，任培国在长沙读书时的学费和生活费成了家里沉重的负担。懂事的陈仪芳有一天对公婆说，她也到长沙去，在那里做工，供任培国上学。公婆想，这样一来可减轻些家里的经济负担，更重要的是让两个孩子住得近些，好培养感情。于是，他们托长沙的亲戚为陈仪芳找了份工作，陈仪芳就高兴地来到长沙，开始了陪任培国读书的生活。

陈仪芳在厂里干活挣钱，常常主动要求加班加点，为了多挣几个铜钱给

任培国交学费。而且她自己吃穿特别俭省，几乎是把每月所挣的工钱攒起来全交给了任培国。每逢节假日，任培国都会去厂子看望陈仪芳。看着她累成那个样子，日渐消瘦，非常心疼，就劝她不要太过劳累了。

就这样，在父母和陈仪芳的帮助下，任培国得以顺利读完了高小和明德私立中学三年级。两人在这样的五年中渐渐长大，感情也更加深厚，产生了真正的爱恋，互相深深地爱着对方，都感到很幸福。

1919年春天，任培国转入长郡联立中学学习。但这时，高中昂贵的学费任家已无法承担。5月，北京五四学生运动爆发。一向受爱国忧民思想熏陶的任培国产生了强烈的济世救国的理想抱负，于是积极投身于长沙的爱国运动，参加了湖南学生联合会的组建和学生罢课活动。不久他加入了毛泽东、何叔衡等人组织的俄罗斯研究会，准备到那里去勤工俭学，并接受共产主义革命训练。1920年，他被研究会介绍到上海参加了外国语学社俄语学习班，在那里加入了社会主义青年团，正式走上革命道路。

1921年春天，任培国同刘少奇、萧劲光等人一同赴前苏联，进入莫斯科培养革命干部的东方劳动者共产主义大学学习。为了以后回国从事革命工作不暴露身份，任培国取了一个"布林斯基"的名字，同时将本名也改为任弼时。1922年初他在前苏联加入中国共产党。

在莫斯科学习的三年中，任弼时与陈仪芳分处两个国度，互相非常牵挂。尤其是任弼时，时常为陈仪芳在长沙打工受苦而难过。学习之余，他常给陈仪芳写信。陈仪芳也同样牵挂着任弼时，得知"东大"生活很差，老是担心任弼时会生病。但她却不会给他写信，请别人代写，总是不能更好地表达自己内心的东西。后来她产生了学文化的想法，就参加了一所职业学校的夜校学习。很快，她会写信了，虽然磕磕巴巴的，满纸错别字，任弼时却能完全看明白，心里十分高兴。从此，他们之间频繁地信来信往，热恋般的鸿雁传书成了他们生活中的一部分。

1924年秋，任弼时学成回国，以在上海大学教授俄文为掩护，担任了共青团中央组织部长、中央委员和代理中央书记。当时才二十来岁的任弼时工作出色，常列席党中央的会议。他正直果敢，敢给总书记陈独秀当面提意见，

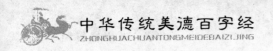

引起中央领导层的注意。

"五卅惨案"发生后,为了掩护的需要,组织上决定让任弼时把"家属"陈仪芳接到了上海。陈仪芳1926年到上海后,改名为陈琮英。此时,两人已分别长达六年,忽然出现在任弼时面前的是一个亭亭玉立、楚楚动人的大姑娘,令任弼时激动不已。他们紧紧地拥抱在一起,长久地沉浸在久别重逢的幸福之中。不久,他们举行了简朴的结婚仪式,陈琮英正式嫁给了任弼时,也嫁给了革命运动,跟着丈夫从事地下革命。任弼时按党的指示,负责秘密领导青年工人和学生开展罢工罢课的斗争,处境非常危险,但他们时刻相依伴,风雨共担。

1928年秋天,任弼时在安徽南陵县被捕。陈琮英立即带着出生不久的女儿爬上一辆货车,在风雨交加中赶到长沙,按任弼时的假口供假扮一长沙老板娘,与前来核对的敌方人员巧妙周旋,打消了敌人的怀疑,以少有的智慧和镇定成功地营救了任弼时。当她重又赶回上海去与已释放的任弼时见面时,见任弼时遍体伤痕,禁不住扑上去大哭起来。这时,任弼时也得知,女儿在此次去长沙途中受冻而不幸夭折了。

之后,他们在武汉、上海两地来回转移,一直相依相伴没有分开。1931年,任弼时作为中央代表团负责人去了江西苏区,陈琮英这时挺着大肚子,两人互相牵挂,难分难舍。女儿刚生下,陈琮英却因叛徒出卖被捕了,在狱中半年,她抱着孩子向任弼时学习,坚强不屈,与敌人斗争,受到很多折磨。后经周恩来多方营救出狱,去了苏区,夫妇俩再一次劫后重逢。

长征开始了,陈琮英跟随丈夫踏上了万里艰险征途。一路上,陈琮英悉心照顾身体已很虚弱的任弼时,使他几次死里逃生。长征途中,他们又生了个女儿,取名远征。任弼时怜惜妻子,吃饭时总是把嫩一点的菜夹给妻子吃,还抽空去河沟钓鱼给陈琮英熬汤补身体。部队一上路,孩子总是由他背着,一边搀扶着妻子往前走。

1937年全国抗战爆发,国共合作,红军改编为国民革命军第八路军,任弼时任八路军政治部主任,要与总指挥朱德、副总指挥彭德怀率八路军开赴抗日前线。陈琮英留在延安,远征只好也送回老家湘阴去。一家三口,生离死别，不知何日才能相见。1938年3月，任弼时受中央派遣去苏联担任中共驻共产国际代表，他们才再一次重逢，并共同赴苏度过了两年的异国他乡生活。

1940年3月，从苏联回来后，任弼时担任了党中央秘书长，处理书记处的日常工作，被视为当时延安中央最忙的人。陈琮英的工作是任弼时的机要秘书，也是生活秘书。当时任弼时常常是通宵工作，忙到天亮后才睡觉。陈琮英也是这样围着他忙，不是整理和抄写东西，就是忙着发电报，打印和装订文件……由于任弼时在被捕和长征中身体严重受损，加上工作特别忙，延安的生活条件又差，没有肉和蔬菜吃，身体每况愈下。陈琮英望着丈夫一脸的憔悴和那远远超过实际年龄的样子，十分心疼和着急，所以她细致入微地照料着任弼时的日常生活。延安时，所有的人都吃食堂，顿顿是小米饭，一个星期才吃一次馒头，中央首长也一样。有时食堂改善生活，任弼时故意说胃不舒服不吃或少吃几口，拨给陈琮英一些，其余的分给卫兵和保姆。周恩来过年到中央首长各家拜年时，同来的邓颖超会带一点糖果来。延安很少有人能吃到糖果，特别珍贵。任弼时和陈琮英互相推让着不吃，都分给了勤务员、卫兵和孩子的保姆。

后来，为了自力更生，解决物质生活问题，延安开展了大生产运动。当时纺线织布，人人都有任务，任弼时百忙之中学纺线，陈琮英手把手地教给他，居然让他纺出了一等线，时常以量多质佳而获比赛的第一名。周恩来很惊讶："你怎么会纺得这么好？"任弼时得意地看着陈琮英回答："我有家庭老师嘛！"

抗战胜利后，中央机关在胡宗南大围剿中，转战陕北各地。当时中央机关分两部工作，朱德、刘少奇带一部去华北根据地开展土地革命，毛、周、任率中央机关和解放军总部留在陕北，指挥全国的解放战争，任弼时任"直属司令部"司令员。这一时期，他更忙了，中央机关又没有固定的驻地，一发现敌情就得立即转移，甚至连夜长途奔波。粮食也不能保证，有时每天只能吃一把黑豆。他的身体健康急剧恶化，得了高血压、心脏病、肾病和轻度糖尿病。陈琮英带着只有几岁的孩子远远，不畏艰险地一直随军东奔西走，

服侍在任弼时身旁，使他能够坚持工作，和毛泽东、周恩来一起指挥全国大反攻。

到全国解放时，任弼时的病已经很重了，中央只好送他去苏联治疗。在苏治疗半年期间，任弼时与10年前在苏联所生并留在那里的女儿远芳重逢。在一起住了八天，让从来不知道父母是谁的这个孩子找到了父亲，感受到了从未有过的温暖和幸福。为了给国家节约钱，当时任弼时没有让陈琮英去苏联陪治，但陈琮英在这半年里一天也没有放下心。她写了很多信，叮嘱这叮嘱那，时刻关心着丈夫病情的每一点变化，让任弼时非常感动。

1950年5月28日，任弼时父女从莫斯科回到北京，陈琮英率众子女去迎接，任家的第一次大团聚让任弼时特别高兴，他提出拍一张"全家福"，可惜这也成了任家的最后一张全家照。当年10月27日，作为七大后的中共中央书记处书记、中共第一代重要领导人的任弼时，因脑病突发而不幸逝世。

患难一生、生死与共的战友和爱人的突然离去，让陈琮英悲痛欲绝！之后几十年中，她每每与人谈及任弼时，总是充满着缱绻之情和深深的敬意，她说："与弼时相爱一生一世足矣，他是我亲爱的丈夫，也是我最好的朋友和敬爱的老师！"

◎故事感悟

世上每个人都有自己的感情世界，革命者也不例外。任弼时与陈琮英的传奇爱情故事，令人感动。他们不但有共同的革命理想为革命献身的精神，而且在情感世界中也令后人敬重。

◎史海撷英

大生产运动

1941年，由于日本侵略军的疯狂进攻和"扫荡"以及国民党顽固派的军事包围和经济封锁，中国共产党领导的抗日民主根据地发生了极为严重的财政经济困难。为了战胜困难，坚持抗日战争，1942年底，中共中央提出了"发展经济，保障供给"的方针，号召解放区军民自力更生，克服困难，开展大生产运动。解放区军民在党中央和毛泽东的亲自领导下，开展了南泥湾、槐树庄、大风川等地的屯田大生产运动。王震率领的三五九旅开赴南泥湾实行军垦屯田。经过三年奋战，在缺乏生产资金和生产工具的极端困难的情况下，发扬自力更生、奋发图强的精神，把南泥湾变成了"陕北江南"，成为大生产运动的模范。

◎文苑拾萃

童养媳

　　童养媳，又称"待年媳"、"养媳"。就是由婆家养育女婴、幼女，待到成年后正式结婚。童养媳在清代几乎成为普遍的现象。童养的女孩年龄都很小，有的达到了清代法定婚龄也待在婆家，等候幼小的女婿成年。一些贫困家庭无力抚养儿女，就把女儿卖与富家子弟或家境较好的家庭作童养媳，而家境一般的家庭为了节省儿子娶妻的费用，于儿子年幼时买一个女孩回家来当儿子的妻子。这样男家多了一个帮助劳动的成员，而女家则减轻经济负担，一举两得。也有些家庭为了让女儿得到较好的生活环境，就把女儿给较富裕的人家收养作童养媳。亦有少数是男家较为贫穷，为了攀附而为年幼儿子娶富贵人家的年幼女儿为妻。童养媳一般都比男方年纪大，这样可以照顾未婚夫。

刑场上的婚礼

> 周文雍（1905—1928年），1905年8月生于广东开平。1925年加入中国共产党。曾任中共广东区委工委委员、广州工人纠察队总队长、中共广州市委组织部部长兼市委工委书记等职。

　　陈铁军出身于华侨商人家庭，在"五卅"运动革命浪潮的冲击下，她由一个追求个人上进的大学生，转变为关心国家、民族前途，积极参加进步活动的革命者，并于1926年加入了共产党。

　　1927年，蒋介石在上海发动四一二反革命政变后，广州也发生了四一五反革命事件，白色恐怖笼罩着广州。这时共产党派她协助周文雍同志工作。周文雍是中共广州市委工委书记，正夜以继日地准备武装起义，反抗国民党的屠杀政策。因为工作需要，党指示周文雍和陈铁军合租一个房子，建立秘密联络点。为了掩护工作，他们假称夫妻，进行活动。对党的忠诚，对人民的热爱，工作上的互相帮助和生死与共的斗争，把这两个年轻人紧紧地联系在一起。但在当时，他们都以事业为重，顾不上谈个人的感情。

　　1927年爆发的广州起义失败后，广州陷入敌人大屠杀的血海之中。积极参加这次起义的周文雍和陈铁军在起义失败后，继续在广州坚持地下斗争。由于叛徒的出卖，两人同时被捕入狱。在狱中，他们不屈不挠，坚持斗争。周文雍在墙上写下了这样的诗篇："头可断，肢可折，革命精神不可灭。壮士头颅为党落，好汉身躯为群裂！"

1928年3月，乌云翻滚，树枝乱舞，珠江的浊浪冲击着两岸。敌人将周文雍和陈铁军押向刑场。在通往刑场的路上，周文雍、陈铁军态度十分从容，不断高呼口号，高唱《国际歌》。激昂、悲壮的声音回荡在羊城上空，萦绕在人们心头。当敌人的魔爪即将夺去他们宝贵的生命的时刻，他们满怀着对革命必胜的坚强决心，向同志们告别了！无数的人用钦佩、爱戴的目光遥送他们；许多人一面掩面饮泣，一面跟在车子的后面走向刑场，形成了一个长长的送别行列。人们在为自己的亲人送别，在为英雄的共产党员送别啊！

敌人气急败坏地把他们推向刑场——红花岗。那里的木棉树高大挺拔，花蕾结满了枝头。周文雍、陈铁军挺直地站在这块土地上，在生命的最后时刻，深深地呼吸着祖国的空气。陈铁军深情地将自己的围巾披在身受重伤的周文雍身上，然后用深沉热情的目光看了他一眼，接着又环视了一下周围的群众，激动地说：

亲爱的同胞们，姐妹们！我们的血就要洒在这里了。为了革命，为了民众的解放，为了共产主义伟大事业而牺牲，同胞们啊，我们一点也不觉得遗憾！

同胞们！过去为了革命的需要，党派我和周文雍同志同住一个机关，我们工作合作得很好，两人的感情也很深。但是，为了革命利益，我们还没顾上谈私人的爱情，因此一直保持着纯洁的同志关系，没有结婚。

今天，我要向大家宣布：当我们就要把自己的青春和生命献给党的时候，我们就要举行婚礼了。让反动派的枪声，来作为我们结婚的礼炮吧！

周文雍、陈铁军两人激动地高呼：

"同胞们！同志们！永别了！希望你们勇敢地战斗！"

"共产主义一定会胜利，未来是属于我们的！"

"工农劳动人民联合起来，打倒卖国的国民政府！"

"打倒帝国主义！"

"中国共产党万岁！"

一对革命情侣，就以这样的英勇气概慷慨就义了。

◎故事感悟

陈铁军与周文雍的婚礼可谓震古烁今。面对敌人的枪声，他们毫无畏惧，不仅体现了共产党人大无畏的革命精神，也见证了他们伟大的爱情！

◎史海撷英

广州起义

1927年，在中国共产党领导南昌起义后，起义军南下广州，准备再次北伐。此时，粤桂军阀为争夺广东地盘而发生武装冲突，中共中央认为这正是工农革命潮流的高涨的大好时机。当即通过《广东工作计划决议案》，要求广东省委"坚决地扩大工农群众在城市、在乡村的暴动，煽动士兵在战争中哗变和反抗，并急速使这些暴动会合而成为总暴动，以取得全省政权，建立工农兵士代表会议的统治"。依据中共中央的指示，广东省委展开了紧张的工作，除要求各地利用粤桂军阀之间的战争，发动农民拒交冬租，举行暴动之外，特别关注组织和领导广州市的暴动。11月26日，中共广东省委书记张太雷秘密召开会议，具体研究了广州暴动的准备工作，决定乘国民党武汉政府当局在广州兵力薄弱的有利时机，组织共产党所掌握的第四军教导团和警卫团一部以及工农武装，举行武装起义，并成立了以张太雷为委员长，黄平、周文雍为委员的革命军事委员会，负责领导起义。12月6日，中共广东省委在张太雷主持下，召开紧急会议，会议决定于12月12日举行起义。起义前夕，汪精卫和张发奎对起义的计划有所察觉，准备解散第四军教导团，在广州实行戒严，并调其远离广州的主力部队赶回广州。在此紧急关头，中共广东省委决定提前于11日凌晨举行起义。

12月11日3时许，在张太雷、叶挺、黄平、周文雍、叶剑英等领导下，第四军教导团全部、警卫团一部和工人赤卫队共五千余人（其中工人赤卫队三千余人），分数路向广州市各要点发起突然袭击。在广州的苏联、朝鲜、越南的部分革命者也参加了起义。与此同时，广州市郊芳村、西村等地的农民约两万人举行起义，一部进入市区配合起义军的行动。

　　起义军民经过十个多小时的战斗，珠江以北市区的国民党军、保安队和警察武装均被消灭，缴获各种炮二十余门，各种枪一千余支。11日上午，广州市苏维埃政府成员和工农兵执行委员会举行第一次会议，宣告广州市苏维埃政府成立，中共中央政治局常委苏兆征为主席（在苏未到广州前由张太雷代理）。会后发布了《广州苏维埃宣言》、《告民众书》以及有关的法令。广州市工人、农民和市民欢欣鼓舞，热烈拥护革命政府，积极参加起义。

　　广州起义，是中国共产党和中国人民继南昌起义、湘赣边界秋收起义之后，对国民党反动派的又一次英勇反击，是在城市建立苏维埃政权的大胆尝试，在国内外都引起了很大的震动。这次起义虽然最终以失败告终，但起义军民无比英勇的战斗精神，给了中国人民以新的鼓舞。起义的许多领导人和保留下来的武装力量，继续为中国革命事业而顽强战斗，成为中国人民解放军的组成部分。

◎文苑拾萃

《国际歌》

　　《国际歌》是国际共产主义运动中最著名的一首歌，也曾经是世界上传唱范围最广的歌曲之一。原文（法语）的歌词是在1871年由工人诗人欧仁·鲍狄埃所作，工人作曲家比尔·狄盖特于1888年为其谱曲。这首歌曲被翻译成世界的许多种语言文字，是全世界无产阶级的战斗歌曲。正如列宁所说：人们凭借这首歌，就可以找到自己的战友与同志。1920年，中国首次出现由瞿秋白译成汉语的《国际歌》，1923年由肖三在莫斯科根据俄文转译、由陈乔年配歌的《国际歌》开始在中国传唱。1962年译文重新加以修订。歌曲的高潮在副歌的最后一句，这是全曲的主题所在，也是全世界所有译文都完全按照音译的一句："英特纳雄耐尔就一定要实现。"

大将军不忘结发之妻

◎爱情原如树叶一样，在人忽视里绿了，在忍耐里露
出蓓蕾。——何其芳

> 许光达（1908—1969年），原名许德华。中国人民解放军高级将领，无产阶级革
> 命家、军事家。中国人民解放军装甲兵第一任司令员，中国人民解放军十大大将之一。

大将军许光达，在人们的心目中是"百战沙场驱虎豹"的英雄，具有"粉身碎骨若等闲"的风度。然而，他也和常人一样有着自己纯真的爱情，有着苦涩的离别和幸福的欢聚……

许光达出生在湖南长沙一个贫苦农民的家里，后来考入了长沙师范学校。由于聪明好学，成绩优异，受到该校教师邹希鲁的赏识。后来，邹先生主动提出，将自己的女儿邹靖华介绍给许光达，许光达的父亲极为满意。就这样，在旧社会，两个门不当户不对的人家居然成了亲家。

许光达去长沙师范就读时间，与进步师生接触，积极参加了毛泽东同志领导的学生运动，1925年9月加入了中国共产党。从此，他踏上了为中国人民谋解放的道路。

在许光达南征北战的时候，邹靖华因家境困难，九岁辍学到花棚子去学绣花，用自己的双手来接济家庭的生活。1928年9月，许光达回到了阔别三年的故乡。许光达抵家后，双方家长考虑到两人年纪已经不小，又是在兵荒马乱的岁月里，一致主张为他们完婚。于是，就在10月3日这一天为他们办了喜事。一对年轻人从此结成生活的伴侣。

正当他们新婚之时，有叛徒在武汉供出了许光达的身份和去向，大军阀何键立即签署加急密电拍往长沙，要求"速缉拿归案"。这一消息被在保安团做勤杂工的远房亲戚听到了，他连夜给许光达家里送了信。燕尔新婚刚刚十日，许光达就要被迫离别心爱的妻子。夜阑人静之时，许光达告诉妻子，自己是共产党员，问她怕不怕？邹靖华理解自己的丈夫，告诉他：自己也参加过农民协会的活动，懂得共产党是干什么的。原来1927年农会兴盛时，邹靖华是个积极分子，因认得几个字，还是妇女协会中掌管大印的重要成员。马日事变后，被敌人追捕，曾在山里躲藏半年，所以懂得革命，知道共产党和自己的关系最亲。她深情地对丈夫说："走吧，天崩地裂，我也等你回来！"

凌晨，结婚只有十天的一对年轻夫妇在浏阳河畔作别。

谁料到这对恩爱夫妻在浏阳河畔一别就是十年。在这期间，许光达辗转流离，历尽千辛。后来，作为党代表被派往湘鄂西组建红六军团，任参谋长。此后，他跟随贺龙进行了大大小小的许多战斗，屡建奇功。

在洪湖地区的两年戎马生活中，不少同志给他介绍对象，劝他另组家庭，但是忠于爱情的许光达全都婉言谢绝。他怎么能够忘却在生活线上苦苦挣扎，并始终期待着他的年轻的妻子呢？对此，红二方面军的领导，曾多次对许光达的亲属说："许光达是个特殊的人，他大节好，小节也好！"

1932年3月底，许光达率部队参加瓦庙集战斗，不幸身负重伤，子弹打在心脏附近。经贺龙同志及湘鄂西分局批准，送往上海治疗；后经中央批准，又转赴苏联开刀取出子弹。痊愈后，留在莫斯科东方大学学习。

在上海短暂停留之际，由于痛苦的折磨，许光达更加思念远在他乡的妻子，于是便给家乡写下了一封探询性的书信……

那么，这数年间，许光达的妻子又是怎样在艰难的环境中苦熬的呢？

许光达逃走后，保安团来到家中搜捕，邹靖华受到种种折磨。试想，在那日月无光的年代，一个被戴上"共匪婆"帽子的年轻女子，怎样过活呢？没人敢搭理，无依无靠，她只得外出绣花，日子过得更加艰辛。绣花养不活自己，身体也累垮了，最后是胃病大出血。就在这个时候，敌人的报纸上又刊出了"击毙"许光达的新闻。邹靖华的精神支柱摧毁了，她曾产生过自杀

的念头。

正当邹靖华最苦闷的时刻，她突然接到了许光达寄来的信和一百元钱，邹靖华真是绝路逢生，喜出望外：许光达还活着！她的心头重新燃起发愤奋斗的生活热望。于是，她勤奋读书，利用一个暑期补完了三年的课程，终于考上了初级师范。

生活在莫斯科的许光达，后来又给邹靖华写过几封信。在每封信里，都把自己在莫斯科的地址用俄文写在一张小纸片上。邹靖华回信时，只要把这张小纸片贴在信封上就可寄到。只这一件小事，就可看出这对夫妻虽然远隔千山万水，多年不见，然而他们始终一往情深。两颗忠贞的红心是紧紧贴在一起的。

不久，国民党反动派封锁了中苏边境，通讯中断了。在苏联学习期间，有的人忘记了自己的结发夫妻，重新讨了老婆；而许光达同志却严以律己，他热切地盼着与妻子欢愉会面的那一天……。

七七事变后，许光达返回延安，历任抗日军政大学教育长、延安卫戍司令员等职。这时，他与邹靖华又是多年没有联系，生死不明。许光达以他黄埔军校和苏联东方大学的学历以及当时在延安的地位和英姿，自然是年轻姑娘们瞩目的对象。有人追求他，也有不少人劝说他。但许光达却始终不为所动。他坚毅地说，不管邹靖华是死是活，我都要获得个准确音信。他这种严肃的生活态度在延安曾经传为美谈。一位中央领导同志这样赞叹道："许光达是个难得的好人。"为了打听妻子的情况，许光达写了数封家书寄给家乡，却一直得不到回音。但他还是真诚地期待着，热切地盼望着。

这期间，根据国共合作的协议，徐特立同志到长沙做统战工作。一天，他到老友邹希鲁家去喝茶时，见到邹靖华。后经徐老介绍，邹靖华怀着难以抑制的喜悦，风尘仆仆地抵达延安。在延安大旅店（实际就是马车店），这对童年挚友，患难夫妻，经过十年的痛苦离别，终于喜庆重逢了。

他们有多少辛酸的话要倾诉，有多少恩爱的深情要表达啊！

第二天，许光达同志去凤凰山麓腾出了一间房子，收拾得干干净净，把妻子接回自己家里。不久，邹靖华上了抗大，开始了她崭新的生活；一时间，这对恩爱夫妻高洁的爱情生活成了延安的一桩感人肺腑的佳话。

1938年10月，邹靖华光荣地加入了共产党。在这很有意义的日子里，又迎来了他们结婚十周年的纪念日。那是一个周末的晚上，许光达默默地望着刚刚入党宣誓回来的妻子，说道："几十年了，走来走去，我们硬是走到一条路上来了。"此时，这位身经百战的威严将军竟然成了一位热情澎湃的诗人，他抑制不住内心的激动，连夜写了一首诗。第二天，奉献给了敬爱的妻子：

> 我俩的结婚整整已经有了十年，
>
> 然而相聚的时间仅仅只有两个月零二十一天，
>
> 不知流过了多少的伤心泪，
>
> 也曾受尽了艰苦与辛酸，
>
> 丝毫也不能摧毁我们铁的心愿……

◎故事感悟

结婚十年，在一起的日子却不足百天，但他们坚贞的爱情却依然保持着！从大将军的爱情诗中我们可以感受到实实在在的感情。夫妻情深，他们对爱情的忠贞不渝令人感动。

◎史海撷英

马日事变

1927年5月21日晚，国民党反动军官许克祥率叛军袭击湖南省总工会等革命机关、团体，解除工人纠察队和农民自卫军武装，释放所有在押的土豪劣绅。共产党员、国民党左派及工农群众百余人被杀害。事变后，许克祥与国民党右派组织了"中国国民党湖南省救党委员会"，继续疯狂屠杀共产党人和革命群众。这一事变是武汉汪精卫集团开始叛变，并准备与南京蒋介石集团合流的信号。因21日的电报代表日期的韵目是"马"字，故称这次事变为"马日事变"。

◎文苑拾萃

浏阳河

　　浏阳河又名浏渭河，原名浏水。因为县邑位于河的北面，所谓"山之南，水之北，谓之阳"，故称浏阳。浏水又因浏阳城而得名浏阳河。浏阳河位于湖南省东部，是湘江的一级支流，发源于罗霄山脉的大围山北麓，有大溪河和小溪河两个源流。全长共222公里，流域面积3211平方公里，流经浏阳市、长沙县市共40个乡镇。

林觉民的《与妻书》

◎一场寂寞凭谁诉。算前言，总轻负。——柳永

林觉民（1887—1911年），字意洞，号抖飞，又号天外生，福建福州人。

林觉民是孙中山领导的广州起义的敢死队队长，黄花岗七十二烈士之一。他的故居坐落在福州市杨桥巷，也就是著名的三房七巷。林觉民的婚姻本来也是封建式的包办婚姻，他是个很有文化学识的人，妻子陈意映却是个没有多少文化的家庭妇女，但是他们那份至深至纯的爱却令人感动。

林觉民投身革命，卖掉家产用以制造炸弹，陈意映不但不反对，还拿出自己的首饰和陪嫁来支持他。林觉民运送炸弹出城时要把这些炸弹放在棺材里，然后要一个女人来扮作寡妇哭她丈夫，这个女人本来他是要陈意映来扮的，陈也很愿意。但是，林觉民考虑到陈已身怀有孕，才另选了别人。

1911年，林觉民从日本回国参加广州起义，临行前回家探望了父母和妻子陈意映，跟家人说学校正在放樱花假。在离家去广州的路上，林觉民写下了《与妻书》。后来在广州起义时，林觉民受伤被俘。林被俘后，由于不会说广东话，就用英语回答问题，慷慨陈词，满庭震动。两广总督张鸣岐叹道："惜哉，林觉民！面貌如玉，肝肠如铁，心地光明如雪。"当时有人劝总督大人为国留才，而张总督认为这种英雄人物万不可留给革命党，遂下令处死。林英雄殉国时，年仅24岁。

林觉民死后，有一天陈意映在门口看到一个包袱，打开后，她看到丈夫

的遗书也就是给她的《与妻书》。书中林觉民淋漓尽致地表达了"吾至爱汝"又不得不"忍舍汝"而死的火热衷肠以及浓浓情爱。

文中写道他想到他们在冬日阳光下携手并肩观赏梅花；在明月青灰里窃窃私语，情意绵绵，无话不谈。由于革命的奔走，他经常要出门在外，不能在她身边照顾她，他内疚得发疯。于是，他拼命喝酒，喝醉了就哭，用酒精来麻醉自己对她的思念。几年前逃家复归时她哭着告诉他，以后离家远行时要带上她，也好有个照顾，她是多么理解和支持他！他们爱得那么深刻，那么刻骨铭心。他希望天下有情人终成眷属，都能像他们一样享受美好幸福的家庭生活。现在他要先她而去了，要把痛苦和悲伤留给那么柔弱的妻子，他的泪和着笔墨流个不止。活着时他经常说要死在妻子身后，要妻子先死，把生离死别的痛苦留给自己。现在他却不得不身先死了，叫他如何不悲伤。他本来不相信有鬼神，但是现在他真想有神灵保佑她平安；他本来不相信有心电感应，但是现在他真希望这话有道理，能让他的灵魂永远陪伴在她身边，让她不必为失去他，因为没有伴侣而悲哀。这是多么感天动地的情感呀！

看着丈夫的这封遗书，陈意映心都碎了。她实在不能忍受这痛苦，乞求能随丈夫而去，公婆不得不跪下求她，要她看在肚子里孩子的份上活下来。一个月后，由于悲痛欲绝，她早产了。这个早产儿就是林觉民的第二个儿子林钟新，两年后陈意映还是死于忧伤过度。

◎故事感悟

《与妻书》全文流露出丈夫对妻子的爱与不舍，但为了革命却又不得不牺牲自己，字里行间充满了英雄的豪气与柔情。在那个年代，能有这样可歌可泣的爱情，不能不令人感叹！

◎史海撷英

林觉民应考

13岁那年，嗣父要林觉民应考童生。父命难违，他答应快应试。入考场后，他见主考官挺着肚子，目空一切，而考生则一个个诚惶诚恐，一股积压已久的对腐朽科举制度的不满油然而生。他愤然在试卷上写下"少年不望万户侯"七个大字，挺胸而退出考场。嗣父对儿子如此的行为，虽颇为不满，但此时正处于废科举的声浪之中，自己对"八股文"也有厌倦之感。所以，也只好顺着儿子的意愿，让他投考当时在福建颇有声望的全闽大学堂。由于去全闽大学堂就学是林觉民自己所愿，他用心准备，欣然应试，一举被录取。

◎文苑拾萃

与妻书

意映卿卿如晤：

吾今以此书与汝永别矣！吾作此书时，尚是世中一人；汝看此书时，吾已成为阴间一鬼。吾作此书，泪珠和笔墨齐下，不能竟书而欲搁笔，又恐汝不察吾衷，谓吾忍舍汝而死，谓吾不知汝之不欲吾死也，故遂忍悲为汝言之。

吾至爱汝，即此爱汝一念，使吾勇就死也。吾自遇汝以来，常愿天下有情人都成眷属；然遍地腥云，满街狼犬，称心快意，几家能彀？司马青衫，吾不能学太上之忘情也。语云：仁者"老吾老，以及人之老；幼吾幼，以及人之幼。"吾充吾爱汝之心，助天下人爱其所爱，所以敢先汝而死，不顾汝也。汝体吾此心，于啼泣之余，亦以天下人为念，当亦乐牺牲吾身与汝身之福利，为天下人谋永福也。汝其勿悲！

汝忆否？四五年前某夕，吾尝语曰："与使吾先死也，无宁汝先而死。"汝初闻言而怒，后经吾婉解，虽不谓吾言为是，而亦无词相答。吾之意盖谓以汝之弱，必不能禁失吾之悲，吾先死留苦与汝，吾心不忍，故宁请汝先死，吾担悲也。嗟夫！谁知吾卒先汝而死乎？吾真真不能忘汝也！回忆后街之屋，入门穿廊，过前后厅，又三四折，有小厅，厅旁一室，为吾与汝双栖之所。初婚三四个月，适冬之望日前后，窗外疏梅筛月影，依稀掩映；吾与汝并肩携手，低低切切，何事不语？何情不诉？及今思之，空余泪痕。又回忆六七年前，吾之逃家复归也，汝泣告我："望今后有远行，必以告妾，妾愿随君行。"吾亦既许汝矣。前十余日回家，即欲乘便以此行之事语汝，及与汝相对，又不能启口，且以汝之有身也，更恐不胜悲，故惟日日呼酒买醉。嗟夫！当时余心之悲，盖不能以寸管形容之。

吾诚愿与汝相守以死，第以今日事势观之，天灾可以死，盗贼可以死，瓜分之日可以死，奸官污吏虐民可以死，吾辈处今日之中国，国中无地无时不可以死，到那时使吾眼睁睁看汝死，或使汝眼睁睁看我死，吾能之乎？抑汝能之乎？即可不死，而离散不相见，徒使两地眼成穿而骨化石，试问古来几曾见破镜能重圆？则较死为苦也，将奈之何？今日吾与汝幸双健。天下人不当死而死与不愿离而离者，不可数计，钟情如我辈者，能忍之乎？此吾所以敢率性就死不顾汝也。吾今死无余憾，国事成不成自有同志者在。依新已五岁，转眼成人，汝其善抚之，使之肖我。汝腹中之物，吾疑其女也，女必像汝，吾心甚慰。或又是男，则亦教其以父志为志，则我死后尚有二意洞在也。甚幸，甚幸！吾家后日当甚贫，贫无所苦，清静过日而已。

吾今与汝无言矣。吾居九泉之下遥闻汝哭声，当哭相和也。吾平日不信有鬼，今则又望其真有。今人又言心电感应有道，吾亦望其言是实，则吾之死，吾灵尚依依旁汝也，汝不必以无侣悲。

吾平生未尝以吾所志语汝，是吾不是处；然语之，又恐汝日日为吾担忧。吾牺牲百死而不辞，而使汝担忧，的的非吾所忍。吾爱汝至，所以为汝谋者惟恐未尽。汝幸而偶我，又何不幸而生今日中国！吾幸而得汝，又何不幸而生今日之中国！卒不忍独善其身。嗟夫！巾短情长，所未尽者，尚有万千，汝可以模拟得之。吾今不能见汝矣！汝不能舍吾，其时时于梦中得我乎！一恸！辛未三月廿六夜四鼓，意洞手书。

家中诸母皆通文，有不解处，望请其指教，当尽吾意为幸。

糟糠之妻不下堂

◎人生自是有情痴，此恨不关风与月。——欧阳修

> 徐特立（1877—1968年），原名懋恂，字师陶，是中国著名的革命家和教育家。曾经担任毛泽东、田汉等人的老师。

徐特立是革命的榜样，也是做人的模范。他那高尚的道德品质，不只表现在他的政治生涯之中，也表现在他的家庭生活里。

徐太太是徐特立的结发之妻，也是他白头到老的革命伴侣。他们从成婚到1960年徐太太病故，在这七十多年间，一直是相敬相爱的。

1927年"马日事变"之后，徐特立从家乡动身去武汉。当时武汉正处于白色恐怖之中，分别那天，妻子带着孩子，站在门前目送他远去。徐特立想到此次分手，可能是生离死别。走了一程又回转来再一次抚摸孩子的头，默默深情地凝视着妻子，此时此刻难舍难分。

1940年，徐特立从湖南辞别夫人回延安后，给即要重返重庆的董老写了一首诗，诗中写道："妻老孙孤弱，长沙有我家。寄书长不达，传说被搜查。报国何年迈，思乡觉路赊。尺书望传寄，藉以慰天涯。"就是这样，从大革命失败到新中国成立前夕，二十多年来，他虽然与妻子异地分居，甚至长期音讯全无。然而，徐特立无论是在留学法、日、德、比等国，受到资产阶级"个性解放"浪潮冲击的时候，还是在旧社会大中城市受到灯红酒绿、花花世界的香风臭气包围的时候，一直是守身如玉，一尘不染，对妻子始终是"患难

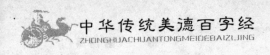

之交不可忘，糟糠之妻不下堂"，保持着坚贞、淳朴的爱情。

新中国成立后，徐特立派人把妻子接来北京与自己一块生活。这时他的妻子已是71岁了，没有文化，又是小脚。徐特立怕妻子有自卑感，受刺激。他就再三向身边的工作人员交代：你们尊敬我，就要好好尊敬和照顾我的妻子。看戏时，他牵着老伴一起走；外出作客，拉着老伴坐在自己身边；到外地参观，有机会就带着老伴一起去，甚至合影留念；工作之余就陪着老伴坐坐，有时还给老伴梳头发；吃饭时，有好一点的菜先让给老伴吃。家里的钢丝床有一边坏了，徐特立就自己睡在坏了的一边，把平整舒适的一边让给老伴。徐特立唯恐儿子厚本去世的事使老伴过分伤心，一直瞒着她几十年，还想方设法托人以厚本的名义从国外写信来读给她听。

徐太太于1960年去世。此后，徐特立竟把与老伴紧紧相依的照片放在口袋里，走到哪里带到那里，以致照片中间留下了深深的折痕。徐特立对妻子忠诚不渝的感情，充分反映了他那纯洁的心灵和高尚的情操。

朱德、康克清同志在《徐特立同志七旬一大寿》诗中写道："言为尔训身为则，群有师尊党有光。现代圣人称颂久，德高望重公堪当。"

◎故事感悟

古话有说："糟糠之妻不下堂"是称赞那些真君子对感情的始终如一。徐老就是这样的人。他对自己的老伴，不离不弃，保持着淳朴的爱情，不愧为"德高望重公堪当"的赞语。

◎史海撷英

大革命

1924年至1927年，中国人民在中国共产党和中国国民党合作领导下进行的反帝反封建的革命斗争。1924年1月，在中国共产党人的参加和帮助下，孙中山改组国民党，召开国民党第一次全国代表大会，重新解释三民主义，第一次国共合作建立。之后创办黄埔军校，建立国民革命军，组织国民政府。进行东征和南征，平定了反革命叛乱，推动革命迅速发展。在中国共产党的领导下，五卅运动和省港大罢工爆发，掀起了全国的群众革命高潮。1926年7月，国民革命军出兵北伐，攻占了长江流域和黄河流域部分地区。1926年冬至1927年春，在全国范围内出现了新的大革命高潮。在革命形势迅速发展的情况下，帝国主义加紧干涉中国革命，国民党右派加紧勾结帝国主义，篡夺革命领导权。中国共产党内陈独秀右倾投降主义占据领导地位，一味妥协退让。1927年4月12日，蒋介石在上海发动反革命政变，7月15日，汪精卫在武汉亦发动反革命政变，血腥屠杀共产党人和工农群众，大革命遂告失败。

◎文苑拾萃

《徐特立教育文集》

《涂特立教育文集》是反映涂特立教育思想的重要著作。本文集编入涂特立论述教育的文章、书信和诗篇58篇，另有附录5篇记述涂特立有关教育的重要谈话，共计63篇。其中由涂特立所写的共58篇。

本文集论述了几方面主要内容：一、涂特立根据我党制定的"科学的、民族的、大众的"新民主主义革命文化教育总方针，提出了要研究科学、培养科技人才，要批判地吸收外国文化与中国古代文化，要开展扫盲运动；二、提出了各科教学法的总原则，如不要单纯给大众已有知识，还要给以科学的方法；普遍真理要分科，既要重视书本知识的学习，又要注意教育实习；三、提出思想教育应主要包括马克思主义哲学基本观点教育、道德教育和纪律教育；四、提出教师既要做"人师"又要做"经师"，要先做群众的学生再做群众的先生，要站在时代的前列引导学生，社会要尊重教师。

郅顺义几十年如一日关爱病妻

◎重叠泪痕缄锦字，人生只有情难死。——文廷式

郅顺义（1918—2005年），河北丰宁县人。1947年参加中国人民解放军，次年加入中国共产党。在解放战争中，他历任战士、爆破组长、班长等职。1948年5月25日，在解放河北隆化的战斗中，他掩护董存瑞完成爆破任务，立大功一次。他先后荣获"毛泽东奖章"、"勇敢奖章"、"艰苦奋斗奖章"、"模范奖章"等。1950年出席全国英模代表会议，被授予"全国特等战斗英雄"荣誉称号。

郅顺义，在解放河北隆化时掩护董存瑞舍身炸碉堡，是董存瑞生前最亲密的战友。

1947年冬，妻子陈元凤送郅顺义参军后一直在农村参加生产劳动。1956年，陈元凤患上了多发性关节炎，不能劳动了，才从家乡来部队随军。他俩互相帮助、互相体贴，在军营的军官和家属中流传着许多佳话。但感人至深的，还是郅顺义数十年如一日地对久病妻子的关爱。

陈元凤来部队几年后，虽然生活条件好多了，但病情反而逐渐恶化。开始时，手脚关节活动不便，不能做家务，后来发展到自己不能梳头、穿衣，甚至连妇女生理卫生都不能自理了。有时她关节疼得从睡梦中惊醒，郅顺义就耐心地用烧酒替她揉搓，使她减轻疼痛。这些事很难让旁人去做，只能由丈夫来料理照应。

郅顺义这种真挚的感情和体贴入微的照顾，使陈元凤精神上得到极大的安慰，但也使她感到痛苦，她常常歉疚地对郅顺义和来看望的同志们说："老郄的工作又忙又累，下班回来需要休息，我本来应当好好照顾他，可反倒要他来侍候我，连累他。我这病又好不了，真不如死了好。死了也好给他腾个地方。"郄顺义每次听她这样说，总是诚挚地安慰她："老伙计，看你想到哪去了？夫妻嘛，就该互相照应，更甭说咱俩都是从苦里熬过来的，根扎得深啊！你有病我怎能不侍候你？你就放宽心思好好养病，别想这么多！"

要强的陈元凤为了减轻丈夫的负担，忍着疼痛练习走路，摸索着干家务活。郄顺义每看到这种情景，就上前劝阻。

郄顺义是闻名全国的战斗英雄，各地有许多人知道他的事迹、听过他作报告。20世纪五六十年代，郄顺义常常收到一些青年的来信，向他汇报思想情况，要求得到帮助。其中也不乏有些女青年向他倾吐爱慕之情。每逢遇到这种情况，郄顺义都能正确处理，不为所动。部队上许多军官家属谈起郄顺义，都会赞叹说："郄顺义有这种真心的爱情、崇高的品德，真不愧是位英雄！"

几十年过去了，在郄顺义的精心呵护下，陈元凤的病情奇迹般地有了明显好转。人们赞誉老英雄：战斗功臣留青史，夫妻恩爱谱新歌。

◎故事感悟

无情未必真豪杰，英雄也有自己的情感世界。郄顺义和妻子陈元凤都是苦里生、苦里熬大的。直到解放，才苦尽甘来。然而生活中，却并不一帆风顺。但他们夫妻二人相依、相偎，共同克服困难，令后人敬佩。

◎史海撷英

平津战役

平津战役发生在解放战争时期。由林彪、罗荣桓和聂荣臻统一指挥，是中国人民解放军东北野战军和华北军区第二、第三兵团及地方武装一部在北平、天津、张家口地区，对国民党军进行的战略性决战，也是中国人民解放战争中具有决定

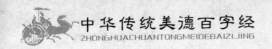
意义的三大战役之一。平津战役历时64天，人民解放军取得了歼灭和改编国民党军一个"剿匪总司令部"、一个警备司令部、3个兵团部、13个军部、50个整师及非正规军4个师，共52万余人的巨大胜利，基本上解放了京津地区，使北京古都文物完整地保存下来。平津战役的胜利，连同辽沈和淮海战役的胜利，使国民党军的精锐部队丧失殆尽。从此，中国人民革命战争在全国胜利的局面已经基本确定。

◎文苑拾萃

二贵摔跤

二贵摔跤，又叫二鬼摔跤，是一种传统民间道具体育舞蹈，由传统体育竞技"乔相扑"演化而来，是河北隆化地区的传统节目。在表演时，一人穿上道具，将道具牢牢绑在背上。在道具围子的隐藏下，以双臂双腿模拟二人摔跤动作，以抢、转、滚、翻、摔、扫、踢、挡、下绊、托举等摔跤技巧，互相扭摔，并作出许多滑稽、幽默、逼真的摔跤动作。表演中，还伴有锣鼓点，增加气氛。参加活动的人广泛，有上至六七十岁的老人，下至十几岁的少年。

ZHONGHUACHUANTONGMEIDEBAIZIJING
中华传统美德百字经

情·夫妻情笃

第四篇

相见时难别亦难

大学者对爱情的付出

◎你早已成我灵魂的一部，我的影子里有你的影子，我的声音里有你的声音，我的心里有你的心；鱼不能没有水，人不能没有氧气；？我不能没有你的爱。——徐志摩

> 吴晗（1909—1969年）字伯辰，浙江义乌人，中科院哲学社会科学部学部委员，现代明史研究的开拓者和奠基者之一。中国现代著名历史学家、社会活动家。

吴晗生长在浙江省一个没落的封建士大夫家庭，他是长子。早在吴晗上中学的时候，他父亲就将一个世交的女儿介绍给他。那个女孩子家里有钱，人也很漂亮，又在读中学。但吴晗没有同意，他反对父母包办的封建婚姻，也不为钱财和美色所动。

1931年，吴晗考入清华大学史学系，在校以勤奋、诚朴著称。1934年，就在吴晗毕业的那一年，他认识了正在患肺病的袁震。袁震比吴晗高两班，年龄也比吴晗大3岁。

袁震有个同寝室的女友叫蒋恩钿，是外语系学生，对她非常关怀。1934年蒋恩钿毕业去绥远教书，每月还寄钱给袁震作生活和治病用。她把吴晗介绍给袁震，嘱托吴晗照看袁震。吴晗应朋友之托，在生活上认真照顾袁震，并与袁震交流学问。吴晗研究明史，袁震研究宋史。他们自然谈得投机，吴晗敬慕袁震的学问、思想，袁震也爱吴晗的品德、文章和待人的真诚。但她知道自己身体很不好，就把爱慕吴晗的感情埋藏在心底，只同他谈学问。她对姐姐袁傅之说："我要把住这个关，不能误了吴晗。"而吴晗对袁震也由敬慕产生了爱情。但他怕影响袁震的治疗，从未向她提出过婚姻问题。

病魔对袁震的打击是严重的，正当她开始对吴晗产生了爱情的萌芽时，

突然感到脊骨疼痛难忍，经医生检查，认定是患了脊椎结核，当时叫骨痨，没药医治，只有切去其中两节脊骨。从此，袁震躺在石膏攥床上，动弹不得，吃饭、喝水都需要人照料。面对着浑身是病、一贫如洗的袁震，吴晗丝毫没有犹豫、动摇，反而加倍地关怀她。看病很费钱，吴晗在家庭负担很重的情况下，每月还贴补她。

1937年，抗日战争全面爆发以后，吴晗应约到昆明云南大学文学系任教授。

1939年春，袁震在姐妹们的护送下辗转来到昆明，住在吴晗家里。那时她的身体虽有好转，但刚动完手术不久，仍然整天躺在床上，一切都要人服侍。吴晗耐心地护理袁震，为了让她能迅速好起来，每天都抬她出去晒太阳，呼吸新鲜空气。昆明市内经常有空袭警报，要躲到防空洞里去。这对卧床不起的袁震很不方便，为此，吴晗把家搬到乡下，住在黑龙潭唐家祠。

那时候，吴晗的母亲和弟妹也早已从家乡来到昆明，同吴晗住在一起。袁震没有来昆明时，吴晗的母亲天天催着吴晗同袁震结婚。袁震到来之后，母亲看到袁震生活不能自理，就时常大哭，劝吴晗不要同袁震结婚。吴晗没有听从母亲的劝告。母亲动员吴浦月去劝说哥哥，还要她警告哥哥说："同袁震结婚，今后不会有美满的家庭生活。必须坚决中断这门亲事，另找一个理想的对象。"吴浦月认为母亲是为哥哥的幸福着想，就用母亲的话去劝说吴晗。

吴晗听完后，亲昵地用手指弹着妹妹的脑瓜说："你现在还不懂，你还不理解我……我和你二姐（指袁震）是清华的老同学，在史学研究上有共同语言，共同的感情，是志同道合的朋友。我们与那种由利害关系结成的朋友不同，一个人不能以利害关系与人相处；两个人要好，不仅应当在顺利的情况下要好，更重要的是在患难的情况下要好。不管你二姐愿不愿意结婚，我都要照顾她。否则，那就是不义的人，难道你愿意自己的哥哥做个不义的人吗？"妹妹被吴晗的话所深深地感动，反过来帮助哥哥做母亲的工作了。母亲又提出愿意把家里的房子卖了，把这些钱全部给袁震，供她治病、生活，只是不要她同吴晗结婚。吴晗断然拒绝了母亲的建议。

袁震在吴晗一家的精心护理下，病情有所好转。1939年10月的一天，吴晗向母亲说陪袁震进城看病，就同袁震在昆明城内的一个旅馆里住了一晚。

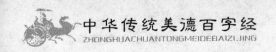

第二天，昆明的报上登载了他们的结婚启事。这一对有情人终成眷属。

由于生活的困苦，袁震又因子宫瘤出血不止，患了严重的贫血症。吴晗又瞒着学生、朋友和袁震，经常给袁震输血。由于要支付袁震大量的医药费，吴晗把自己的生活费用压到最低的限度。他每日上课，由乡下进城要走近四十里路。他身上穿的是学生时期的破旧长衫，脚下是露出脚后跟的布鞋。人们在菜市场上，常常可以遇到挎着一只空篮子的吴晗。为了给袁震增加营养，可又买不起肉，就买些牛骨头来炖汤喝。袁震虽然卧病在床，但还是尽力帮吴晗做点事，她常常靠在床上帮吴晗补衣服。

一次，她正补一件破线衣，正好一位老同学来看她，见此情景就说："这么破的衣服还补它作啥！"袁震诙谐地说："富穿布、穷穿线嘛！"后来，袁震的病稍好一些，每到傍晚，吴晗就陪着她在联大附近的风景区翠湖堤上散步。袁震面色苍白，个子比吴晗稍高一些，两人依偎在一起，享受着清苦中的乐趣。

以后，不论是在民主运动的风浪中，还是在建设新中国沸腾的生活里，吴晗与袁震都始终如一，互相支持。

◎故事感悟

真正的夫妻不是"大难临头各自飞"的，真正的夫妻懂得共患难。吴晗在袁震身患重病时，还毅然与她结婚，婚后也悉心地照顾袁震，在清贫中自得其乐，可见大学者对情感的执著。真正的爱情，是伟大的付出，而不是索取。

◎史海撷英

杰出的史学家——吴晗

（摘自张显清文）

吴晗是杰出的史学家。这是因为：第一，他是我国现代明史研究的开拓者和奠基人。所谓"开拓者"，就是在荒原上开辟园圃之人，在荆莽中开辟道路之人。

在20世纪30年代，以现代方法研究明史的学者还寥寥无几，明史研究的成果也甚为稀少，正是吴晗的一系列明史研究论著，对明史研究起到了开拓的作用，并为日后的研究打下了良好的基础。他对明代经济、社会、政治、军事、民族、文化、中外关系等都进行了开拓性研究，取得了卓越成就。从20世纪三四十年代直至今日，明史领域许多问题的研究都是在他开创的基础上进行的。凡研究明史的人，都不能不阅读他的著作，他是名副其实的一代宗师。

第二，他是新史学理论的努力探索者。20世纪三四十年代，他是梁启超倡导的"新史学"的积极拥护者，努力探索新的史学理论和治史方法，提出"帝王英雄的传记时代已经过去，理想中的新史乃是社会的民众的"历史观和"求真"、"求实"的研究方法。相对于封建旧史学，新史学是历史的进步；而强调历史学要注重研究社会和民众的主张，则是符合唯物史观精神的。吴晗对史学理论和方法的探索，对现代史学的发展起到了重要的推进作用。

第三，他是历史学科的出色建设者。侯外庐曾经指出，吴晗"积极从事新中国历史科学的建设工作"。就是说，吴晗的学术贡献并不只限于明史研究，而是扩展到整个历史学科和其他文化领域。早在20世纪30年代，他就是我国现代最早的史学界民间学术社团"史学研究会"的创始人之一，还是我国现代较早的报纸史学专刊天津《益世报·史学》的主编。新中国成立之后，他更对历史科学的建设和其他文化事业的发展倾注了大量心血，其中最著名的是主持新中国史学三大工程的实施。所谓史学三大工程，即毛泽东同志提出的标点《资治通鉴》、标点《二十四史》和改绘杨守敬《历代舆地图》。毛泽东出于对吴晗的器重和信任，将这三项具有重大学术意义的艰巨任务交给了他。吴晗以极大的热忱担起重任，以出众的组织才能和丰富的学识出色地完成了这三大工程，取得优异成绩。

第四，他是文史知识普及的大力倡导者。在新中国学术大家中，吴晗是最注重文史知识普及的一位。他抱着"把知识普及给人民"的强烈责任感，呕心沥血，极力倡导普及文史知识，为弘扬中华民族优秀历史传统、提高民众素质、繁荣社会主义文化作出了巨大贡献。他主编的《中国历史小丛书》、《外国历史小丛书》、《地理小丛书》、《语文小丛书》等是"文革"前编撰出版的几部大型文史通俗读物，发行量之高，读者面之广，罕有与之相媲美者。他不仅是文史知识普及的倡导者、组织者，还是亲自实践者，一生撰写了大量普及性读物，即使是学术著作，也都写得行云流水，虽然学术底蕴深厚，但读来并不感到艰涩难解。尤其值得提出的是，他倡导的知识普及，既注重通俗性，更注重科学性，是二者的有机结合，因此具有强大的生命力，与当下那些戏说历史的所谓的通俗读物截然两样。他主编的《中国历史小丛书》堪称普及读物的楷模，对于今日通俗史学的健康发展具有重要指导意义。

第五，他是"双百"方针的积极拥护者。他坚决拥护党的"双百"方针，并积极参与重大学术理论问题的讨论和争鸣，对资本主义萌芽、农民起义、历史主义、历史人物评价、道德批判与继承、清官、历史剧以及学风、治学方法等问题都撰文发表了见解，并对"左"的观点进行了批驳，对于历史学的发展和文化的繁荣起到了促进作用。

◎文苑拾萃

谈骨气

吴晗

我们中国人是有骨气的。

战国时代的孟子，有几句很好的话："富贵不能淫，贫贱不能移，威武不能屈，此之谓大丈夫。"意思是说，高官厚禄收买不了，贫穷困苦折磨不了，强暴武力威胁不了，这就是所谓大丈夫。大丈夫的这种种行为，表现出了英雄气概，我们今天就叫做有骨气。

我国经过了奴隶社会、封建社会的漫长时期，每个时代都有很多这样有骨气的人，我们就是这些有骨气的人的子孙，我们是有着优良革命传统的民族。

当然，社会不同，阶级不同，骨气的具体含义也不同。这一点必须认识清楚。但是，就坚定不移地为当时的进步事业服务这一原则来说，我们祖先的许多有骨气的动人事迹，还有它积极的教育意义，是值得我们学习的。

南宋末年，首都临安被元军攻入，丞相文天祥组织武装力量坚决抵抗，失败被俘后，元朝劝他投降，他写了一首诗，其中有两句是："人生自古谁无死，留取丹心照汗青。"意思是人总是要死的，就看怎样死法，是屈辱而死呢，还是为民族利益而死？他选取了后者，要把这片忠心记录在历史上。文天祥被拘囚在北京一个阴湿的地牢里，受尽了折磨，元朝多次派人劝其只要投降，便可以做大官，但他坚决拒绝，终于在公元 1282 年被杀害了。

孟子说的几句话，在文天祥身上都表现出来了。他写的有名的《正气歌》，歌颂了古代有骨气的人的英雄气概，并且以自己的生命来抗拒压迫，号召人民继续起来反抗。

另一个故事是古代有一个穷人，饿得快死了，有人舍给他一碗饭，说："嗟，来食！"（喂，来吃！）饿人拒绝了"嗟来"的施舍，不吃这碗饭，后来就饿死了。不食嗟来之食这个故事很有名，传说了千百年，也是有积极意义的。那人摆着一副慈善家的面孔，吆喝一声"喂，来吃！"这个味道是不好受的。吃了这碗饭，第二步怎样呢？显然，他不会白白施舍，吃他的饭就要替他办事。那位穷人是有骨气的：看你那副脸孔、那个神气，宁可饿死，也不吃你的饭。

不食嗟来之食，表现了中国人民的骨气。

还有个例子。民主战士闻一多是在 1946 年 7 月 15 日被国民党枪杀的。在这之前，朋友们得到要暗杀他的消息，劝告他暂时隐蔽，他毫不在乎，照常工作，而且更加努力。明知敌人要杀他，在被害前几分钟还大声疾呼，痛斥国民党特务，指出他们的日子不会很长久了，人民民主一定得到胜利。毛主席在《别了，司徒雷登》一文中指出："许多曾经是自由主义者或民主个人主义者的人们，在美国帝国主义者及其走狗国民党反动派面前站起来了。闻一多拍案而起，横眉怒对国民党的手枪，宁可倒下去，不愿屈服。"高度赞扬他表现了我们民族的英雄气概。

孟子的这些话，虽然是在两千多年以前说的，但直到现在，还有它积极的意义。当然我们无产阶级有自己的英雄气概，有自己的骨气，这就是决不向任何困难低头，压不扁，折不弯，顶得住，吓不倒，为了社会主义、共产主义建设的胜利，我们一定能够克服任何困难，奋勇前进！

普通战士和残废姑娘

◎爱情是一种力量，它可以使一个人得到鼓励和激发，而更有创造性，更有冲力，也更爱这个世界。——罗兰

覃毅忠（1957—　），广西壮族自治区融安县人。1977年1月入伍，1979年3月入党，广西边防部队某部五连二班副班长，因在对越自卫反击战中的英勇表现，中央军委授予他"战斗英雄"的荣誉称号。

1980年11月11日，女工周丽华和一位朴实憨厚的战士来到南昌市禾草街街道办事处办结婚登记。人们无不为这位战士的高尚心灵所感动。

原来，周丽华八岁时生病，右腿残废。但她身残志坚，上学时是个好学生，参加工作后年年是厂里的先进生产者。

1979年的初夏，全国掀起了"向对越自卫还击作战英雄学习"的热潮。热爱英雄人物的周丽华，给战斗英雄写了一封慰问信，表示向英雄学习，为四化多作贡献的决心。她的一封信转到了战斗英雄覃毅忠的手上。覃毅忠给她写了一封感人的回信，《解放军报》把这封回信刊登了。乌鲁木齐部队某部学雷锋标兵刘春华读了这封回信，为周丽华身残志不残的事迹所感动，给报社寄了一封信，表示要向英雄学习，向学英雄的先进人物学习。

报社将这封信转给了周丽华，从此，刘春华和周丽华这两个年轻人开始了书信往来，互相交谈着工作、学习、理想和志愿。共同的理想、信念，使他们建立了越来越深厚的感情。

一次，小周在信中倾诉了她在爱情上的苦恼。不久，刘春华在回信中说，要把自己的爱情献给她！有人问小刘为什么爱小周？小刘真挚地说：自己从小

失去父母，主要是由集体养大的。自己的一切都是党给的。生活的经历使他懂得，当一个人孤独的时候，最需要别人发自内心的温暖和安慰。经过互相了解，他渐渐觉得小周是一个热爱党、热爱社会主义，愿为"四化"建设积极作贡献的好姑娘，应该和别人一样得到爱情。经过反复考虑，就下了这个决心。

当周丽华知道小刘不顾世俗的偏见，真心与自己相爱时，一方面为他的高尚情操所感动，一方面又不愿意拖累他，便给小刘所在连队的指导员写了一封信，提出和刘春华中断恋爱关系。这突然的变化，一下把小刘弄糊涂了。他一遍遍读着小周的信，终于发现姑娘既爱他，又怕成为他的累赘的矛盾心情。他决定和小周结婚，连队党支部和上级党委支持他这样做。

1980年11月7日，刘春华从天山脚下来到南昌和小周结了婚。在小刘的提议下，他俩同游了人民公园。小周从十几岁起为了躲开别人异样的目光，从没上过公园。今天，她不但不怕别人看，反倒想让行人多看几眼，让人们都知道：解放军培育了多么好的战士，在社会主义社会里，有着这样真诚的爱情。

◎故事感悟

　　一个是身残志坚，一个是不怕世俗眼光，他们真挚的爱情不但让人刮目，也会赢得诸多掌声与祝福！

◎史海撷英

对越自卫反击战

对越自卫反击战，又称中越战争，是指1979年2月17日至1979年3月16日中国和越南两国在越南北部边境爆发的战争。

随着20世纪世纪六七十年代，中国和苏联的关系破裂，中越关系也日趋恶化。1975年越南实现统一，便与苏联发展更为亲密的外交关系。越南共产党中央

亲华派如长征、武元甲逐渐靠边站，不再重用，越南党章里的毛泽东思想也被取消。越南在国内开始疯狂排华，打压华侨的正常生活，导致大量越南华侨返回中国。在中越边境则挑起武装冲突，派遣武装人员越界进行侵扰，打伤边民，推倒界碑，蚕食边境，制造了浦念岭、庭毫山等事件。中国政府在越南不断挑起事端的情况下，被迫发动边界自卫反击战。

◎文苑拾萃

学雷锋纪念日

　　每年的 3 月 5 日是学雷锋纪念日。雷锋，1940 年 12 月 18 日出生，1962 年 8 月 15 日因公殉职。雷锋生前爱憎分明、助人为乐，具有"把有限的生命投入到无限的为人民服务之中去"的崇高精神。伟大领袖毛主席在 1963 年 3 月 5 日亲笔题词："向雷锋同志学习。"此后，掀起全国人民特别是青少年向雷锋学习的热潮，因此把 3 月 5 日定为"学雷锋纪念日"。

让我的肾在你体内安家

◎我不敢说，我有办法救你，救你就是救我自己，力
量是在爱里；再不容迟疑，爱，动手吧！——徐志摩

　　霍邱县王截流乡南滩村农民魏玉顺和屈大芳，12年前，举行了简单的婚礼上。婚礼上，魏玉顺轻声地告诉屈大芳"我会一辈子对你好"。12年后，屈大芳发现这句只有八个字的承诺，在她的生命中是如此之重。

　　为了让一家人过上好日子，魏玉顺在女儿伶俐刚出生后不久便带着屈大芳母女到上海打工。起初，他们在上海市花木市场卖菜。每天凌晨4时许，魏玉顺骑着三轮车，屈大芳则一手抱菜、一手抱杆秤，准时出门赶往市场卖菜。

　　1999年，长期站摊卖菜的屈大芳发现腿和脚开始肿胀。"她说是站着累的，我也就没放在心上"，魏玉顺狠狠地叹了口气，明显的自责"写"在脸上。后来，看着妻子腿肿得越来越厉害，魏玉顺硬是逼着妻子到医院做了检查。

　　检查结果是屈大芳得了慢性肾炎，必须立即治疗。那天晚上，魏玉顺两口子一夜没合眼，他们想到了年幼的女儿，想到了家里微薄的收入。无奈之下，魏玉顺只能答应妻子回家治疗的要求。直至今日，魏玉顺对妻子还是充满了愧疚，"要是当初能及时治疗，大芳也就不要受这么多罪了。"

　　在屈大芳回家后，当地人看魏玉顺爱妻心切，给了他一个治疗肾炎的偏方。此后一年多，魏玉顺所有的精力都放在了"团药"上。

　　"那时候，他每天就是捣药、筛药、揉药团、晒药……每个药丸都要搓成绿豆粒那么大，整整搓了一年，真难为他了。"说着，屈大芳看了一眼隔壁病床上的丈夫，眼中满是怜爱和感激。

　　"在她心中，我是她和孩子的支撑。她要看到我哭了，心理的负担会更重。"魏玉顺心痛地说。屈大芳生病7年来，魏玉顺这个坚强的汉子，看着妻

子病情一天天加重，自己却无能为力，他所承受的心理煎熬，或许比妻子疼痛10倍。

2002年，魏玉顺和屈大芳再次来到上海。此时，屈大芳病情已经加重，按医生要求，她必须进行跟踪治疗，每周复查。屈大芳知道家里拿不出这么多钱，便把病情隐瞒了下来，还让魏玉顺给她找份保洁的工作。

2006年5月，屈大芳肚子开始肿胀，经常吐血。当魏玉顺把屈大芳"押"到解放军455医院后，才得知屈大芳已是尿毒症晚期，唯一的治疗方案就是换肾。

查出患尿毒症后，屈大芳要等待可以移植的肾。在这期间，她必须依靠血透来维持病情。做一次血透析要400元，按屈大芳的病情，她一周需要做两到三次。但是，屈大芳每次都要撑到发病时才会去做。屈大芳发病的时候，会出现鼻孔、嘴巴出血等症状。魏玉顺在打工的时候，最怕的就是接到家里电话。每次，他从单位急匆匆跑回租住房，看到大芳嘴角的血迹时，心都像被油煎一样。

一次血透析需5小时，而这5小时对魏玉顺每次都像是5个世纪那样漫长。魏玉顺曾经想过逃避，想过跳进黄浦江。但是，他放不下妻子和年幼的女儿，家庭的责任感让他挺了下来。

半年多了，屈大芳还是没能等到合适的肾源。这半年多，为了给屈大芳治病，家里已是债台高筑。而一次次的血透析，也让屈大芳的胳膊疤痕累累。眼见着屈大芳的身体一天天垮下去，魏玉顺急了，他决定"不能就这么等了，一定要想办法及早治好妻子。"

"既然等不来肾，就从我们自己身上找。"魏玉顺和家人商量后，做出了这个决定。当大芳得知魏玉顺要给自己捐肾时，他们第一次发生了争吵，吵得很凶。屈大芳坚持不要魏玉顺捐肾，而魏玉顺坚持要把肾给大芳，两个人就这样僵持着。万一手术失败怎么办？医疗费用怎么维持？关于肾移植可能出现的后果，魏玉顺两口子来来回回想了好几遍，却还是难下最终的决心。在僵持中，魏玉顺突然吼了起来："哪怕是火坑，我们也一起跳。我相信，我的肾能在你体内安家！"

正是这句怒吼，大芳感动得哭了。

2007年1月19日，医生要把魏玉顺的一个肾移植到屈大芳的体内。当天早上，魏玉顺来到了屈大芳病床前，看着一夜未眠的妻子，魏玉顺心疼得紧紧拉着屈大芳的手，笑着对她说："手术会成功的，要相信你老公……"

当天9时许，正要被推进手术室的魏玉顺和屈大芳，躺在推车上在医院走廊相遇，一直安慰妻子、从未当着她面流泪的魏玉顺再也抑制不住泪水，一把抓住了妻子的手，痛哭！因为看似坚强的他，也不知道手术的结果到底会怎样，他做了最坏的打算。

魏玉顺先被推进手术室，屈大芳要在手术室外等候。一直都是自己在手术中昏迷，丈夫在外面等候，第一次品尝等待的滋味，屈大芳度日如年。她一分一秒地数着数，心里一遍一遍祈祷着丈夫平安……那时候，她甚至想放弃手术了，只想要让丈夫健健康康的，带着女儿生活。

在魏玉顺做完手术后，医生才能将他的肾植入屈大芳体内。当魏玉顺醒来时，屈大芳还正在手术室进行肾移植。

"我老婆呢？我老婆怎么不在？她怎么了……"

一睁开眼，魏玉顺发现妻子屈大芳不在隔壁病床上，长时间的担心和紧张，让他顾不得刚动完手术的疼痛，便在病床上大叫起来。

从12时30分到下午2时，整整一个半小时内，魏玉顺不停地向护士问屈大芳的情况。直到屈大芳被推回病房，护士告诉他"手术很成功"后，魏玉顺才发现自己的刀口，正散发出钻心的疼痛。但他看着尚在术后熟睡中的妻子，一颗悬着的心终于放下了。

屈大芳是在魏玉顺昏迷喊痛中惊醒的，听着魏玉顺因疼痛而发出的呻吟，不知所措的屈大芳哭了……

◎故事感悟

"让我的肾在你的体内安家"，有什么样的情感可以和这份感情相比呢？这么相惜，这么恩爱，这么不离不弃，这样具有崇高的自我牺牲的夫妻一定会幸福一生的！

◎史海撷英

上海的变革

上海的解放揭开了上海发展新的历史篇章。在中国共产党的领导下，上海人民经过五十多年的艰苦奋斗，从根本上改造了在半殖民地、半封建条件下畸形发展起来的旧上海，使上海的经济和社会面貌发生了深刻的变化。特别是1978年以来，上海的改革开放力度不断加大，上海人民以强烈的进取精神，解放思想，与时俱进，大胆实践，走出了一条具有中国特色、体现时代特征、符合上海特大型城市特点的发展新路，使上海经济和社会发展的各个领域发生了历史性的大变革，上海已成为我国最大的经济中心和国家历史文化名城，并正向建成国际经济、金融、贸易和航运中心之一的目标迈进。

◎文苑拾萃

上海花卉交易中心

上海花卉交易中心（曹安花卉交易市场）创办于1992年4月，由普陀区人民政府兴建。建有三个营业大厅，200多间标准营业房，营业建筑面积近5000平方米。市场主要交易鲜切花、盆花、盆景、观叶植物和鸟鱼虫及其配套产品，其中年鲜切花成交量1.6亿支，盆花、盆景、观叶植物成交量110万盆。1994年，时任全国人大常委会副委员长、中国花协名誉会长陈慕华同志亲笔为市场题名上海花卉交易中心。市场自1993年以来，年年被评为上海市文明市场，2000年被国家林业局、中国花卉协会评为全国重点花卉市场。上海花卉交易中心在全国享有盛誉。

当丈夫的生命进入倒计时

◎夫妇者，本非骨肉之亲，而配合以后，苦乐与共，
休戚相关，遂为终身不可离之伴侣。——蔡元培

> 郝振铧（1970— ），中共党员，1994年参加公安工作，先后任牡丹江市公安局
> 阳明分局刑警大队内勤、严打办主任，现任牡丹江市公安局阳明分局办公室副主任科
> 员。2000年5月荣立个人三等功，曾获得牡丹江市阳明区"优秀共产党员"；牡丹江市
> 公安局"追逃专项斗争"先进个人；全省、全国优秀人民警察等多项荣誉称号。

郝振铧，1970年出生在黑龙江省密山市农村，毕业于西南政法大学经济法系。毕业后，在牡丹江阳明公安局工作的几年里，年年被评为先进，并因为业绩突出，当上了刑警中队长。

1997年11月9日，郝振铧和牡丹江姑娘高杨结为伉俪。转年，儿子铁蛋降生。正当这个美满的三口之家憧憬美好未来时，病魔却在悄无声息地降临这个家庭。

1998年春节刚过，郝振铧开始持续地感冒发烧。但由于工作忙，郝振铧并没有在意。但到了3月份，持续的高烧让他感到整日处于混沌中，而且咳嗽得非常厉害。那时分局开始竞争上岗，郝振铧也很想利用这次机会锻炼一下自己。离考试还有一天，他已咳嗽得难以入眠。同事来到郝振铧家，见他竟还在带病复习，就强行把他拉到了医院。

经过15天的治疗，郝振铧的病情有了缓解。当时正是全国严打时期，他放心不下工作，没有完全康复就出了院，当时医院出具的诊断书上写着肺底有囊肿。郝振铧觉得不是大病，吃点消炎药，养一阵就好了。

到了1999年9月，郝振铧的病情开始恶化，持续高烧并咳血，心疼丈夫的高杨再次把郝振铧拽到了医院。这次的检查结果是支气管扩张，但对症治疗后，不但病症没有减轻，反而出现了肋部疼。

2000年3月，郝振铧终于听从了妻子的规劝，开始看病。在哈尔滨医大二院，胸外科主任看着郝振铧做的CT片，眉头凝重，他建议郝振铧再做支气管镜。做完后，大夫告诉他回家做点好吃的，郝振铧明白自己的生命已进入倒计时。

"告诉我结果吧。"高杨潸然泪下，将诊断书递给丈夫：支气管中心型肺癌。

回到家的第二天，郝振铧就要上班，高杨说什么也不同意。

"杨杨，我得回单位把自己手头的活了结一下，不能给接替我工作的同事造成麻烦。"丈夫诚恳的样子，让高杨到嘴边的话又咽了回去。

看见郝振铧回来上班，局长关心地问他检查结果。郝振铧淡淡地说："一点小毛病，没事。"

郝振铧想抓紧时间，把自己的工作做个梳理，好在离开的时候给单位和领导有个交代。当时高杨已经下岗，只靠郝振铧一个人的工资维持家计，但即使如此，高杨每天都到市场散市时买些骨头，熬骨头汤给郝振铧补充营养。

一次，高杨把骨头汤端上饭桌等郝振铧回来，铁蛋趁机抓下骨头上一块肉丁，被高杨看见，情急之下高杨竟动手打了才两岁的儿子。这一幕正好被下班回家的郝振铧看见。

"儿子，吃吧，今天你想吃多少就吃多少。"瞬间，郝振铧和高杨双颊泪流如注。

虽然有妻子无微不至的照顾，但缺少治疗的郝振铧身体却是一天不如一天。4月20日，郝振铧已经高烧近40℃，但即使这样，他依然坚持上完了白班，到了晚上回到家里，郝振铧连上楼的劲都没有了。

那天晚上，郝振铧没有吃饭就躺到了床上，迷迷糊糊中他听到电话铃响了，又仿佛听见妻子在说什么，这一刻他完全清醒了，"快给我，是不是单位的电话。"高杨含着泪说："你都病成这个样了，我想告诉他们你去不了了。"

"什么事？"郝振铧面露焦急。

"晚上要统一行动。"

"杨杨，单位的枪支都由我来管。我不去，会误了大事的。"

晚上7点，当郝振铧准时出现在单位时，战友们都感动了。因为意识几近模糊的郝振铧，是在妻子高杨搀扶下赶来的，此时的郝振铧连打开金柜门的力气都没有了……

第二天在妻子高杨的陪伴下，郝振铧住进了牡丹江肿瘤医院，直到这时阳明公安分局才知道郝振铧得了肺癌。

三天后，医院开始对他进行化疗，恶心、呕吐、头晕……化疗的反应把郝振铧折腾得死去活来，看着丈夫痛不欲生的样子，高杨就紧握丈夫的手。

当局领导将郝振铧的三等功奖章送到了他病床前时，他们感到一丝心酸，一个昔日生龙活虎的年轻人，被病魔折磨得面目全非。

"小郝，领导和同事们相信你，你会像打严打攻坚战一样，打出一个漂亮的抗癌攻坚战，也获得一枚抗癌奖章。"

高杨通过熟人把郝振铧的CT拿给武汉的专家看，专家说，或许去北京的大医院做手术还有一线希望。

高杨仿佛看到丈夫生还的曙光，面对家徒四壁的窘境，她首先想到的是卖房子，"振铧，你别想撇下我和儿子！"

听到女儿要卖房子，高杨的爸爸妈妈来了。他们说："现在治病要紧，要卖就卖我们的房子……"

就这样，凑齐了手术费，郝振铧和妻子要跟生命再做一次搏击。

10月的北京秋高气爽，但等候在手术室外的高杨却心乱如麻。几个小时后，医生找到高杨说，肿瘤组织发生了浸润生长，如果继续手术会有极高的风险。如果只把囊肿切了，患者能继续生存一段时间。

不满25岁的高杨，自己也不知道当时是如何在《自愿放弃手术书》上签下了名字。手术失败了，当高杨看着丈夫被从手术室推出来的时候，眼泪像泻了闸的洪水，滚滚而下。也许最后一扇希望的大门关闭了。接下来她不知道该怎样给丈夫治疗，因为西医的治疗方案已经行不通了。

手术的第三天，郝振铧在高杨的搀扶下第一次下地，当走到走廊的尽头，眺望外面金秋美景时，他不觉自言自语地说："就这么走了吗？"高杨明白丈夫的意思，"我怎么说了，别想就这么撇下我和儿子。西医不行了，还有中医；中医不行了，还有我！"

这一刻看着坚定的妻子，郝振铧流下了感动的泪水。

回到牡丹江的郝振铧和高杨，已经再拿不出一分钱，但为了延续丈夫的生命，高杨开始四处打听偏方，为丈夫的生命做最后的搏击。听说柴河有一种偏方能治疗肺癌，高杨跳上火车直奔柴河，然后倒汽车，当到达目的地时已是午夜，高杨在茫茫黑夜中跌跌撞撞地往有灯光的地方走。在路边的一家小商店前，高杨再也走不动了，好心的老板娘收留了她。当听说高杨是为丈夫治病才跑了这么远时，为她对丈夫执着的爱而深深感动。

"孩子，只要有你这份心，你丈夫的病一定会好的！"

她告诉高杨，一位肺癌治好的病人曾说吃蟾蜍皮能治这种病。这个消息一如黑暗中的一丝曙光，已经倾其所有的高杨感到，这也许是一个不仅有效而且最现实的治疗方案了。

于是，以前连小虫子都不敢碰的高杨，这一刻为了丈夫毅然走向牡丹江，为丈夫抓蟾蜍。没有人知道外表柔弱，才25岁的高杨第一次跳入河中抓蟾蜍的心情，更无法想象她剥去蟾蜍皮、烘干、研磨时的感受。

冬天，为了让丈夫继续吃到蟾蜍皮，高杨就学江边的捕鱼人，用钎子在冰面上凿出冰窟窿，然后用一根大棍子把躲在泥底下的蟾蜍搅出来，再用抄篓一只一只捞上来。

起初，见一个长相不错的女子天天来抢占自己的地盘，几个打鱼人不解，直到有一天，刨冰的高杨不慎掉进冰窟窿时，几个好心的打鱼人把她救了上来，他们才知道事情的原委。

于是，他们自觉地包下了打捞蟾蜍这件事儿，把捉到的蟾蜍送到郝振铧家。尽管如此，高杨还是落下了严重的风湿病，一到刮风下雨腿脚的关节就钻心的疼。看着妻子为了自己付出这么多，郝振铧在妻子生日时，把自己演唱的妻子最爱听的《365个祝福》刻成光碟送给妻子。听着丈夫唱的《365个

《祝福》,高杨觉得自己幸福无比,在她心目中这比任何价值连城的东西都值钱。

每次吃"药"郝振铧都暗自记下蟾蜍的数量,直到2002年春天,他吃了1700张蟾蜍皮做的药。两年来,他这个被医学宣判死刑的病人,不但依然活着,而且身体越来越好,于是,郝振铧征得妻子同意后,又返回到岗位上。当阳明分局要成立严打办公室时,领导和同事都力荐郝振铧当主任,制订方案、搞宣传,人们又看到了过去那个生龙活虎的郝振铧。

也正是由于郝振铧的出色工作,他被评为2003—2004年度全国优秀警察,当2005年末,全国优秀警察的奖章送到他手里时,郝振铧颤抖着双手给妻子高杨戴上。

"没有你的照顾,就不会有我的今天!"

◎故事感悟

一个柔弱的女子,为了能让丈夫活下去,不惜跪冰求蜍!他们不仅创造了一个医学史上的奇迹,也创造了一个爱情神话!

◎史海撷英

中国警察简史

中国近代一直没有现代意义上的警察。当八国联军攻占北京、天津后,要求清政府的军队不得驻守天津城。这时原驻守天津的袁世凯从自己的新军中调拨了3000名精锐士兵,换上警装进驻天津,八国联军哑口无言。因为有了这批警察维持社会治安,天津城的混乱局面得以改观。这个办法后果很好,慈禧太后大为欣赏,因此颁发圣旨令全国各地效仿袁世凯设立的警察及其制度。所以说,是袁世凯最早建立了我国真正意义上的"现代警察"。

辛亥革命后,北洋政府保留并完善了袁世凯在清末建立的现代警察制度,并且借鉴和参考了欧洲,特别是德国警察机构的运行模式,使警察的职能、机构和警种更加趋于完善。

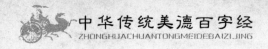

◎文苑拾萃

严打

"严打"是"严厉打击刑事犯罪分子活动"的简称。我国于1983年首次提出"严打"这个概念，并进行第一次"严打"。此后有二次严打运动，第二次是1996年的"严打"，第三次严打是在2000—2001年。此次严打因增加了网上追捕逃犯，又被称为"新世纪严打"。

严打的宗旨是严厉打击刑事犯罪分子，并在各地召开公捕公判大会。在"严打"期间破获的各类案件，一律从重从快处理。

为了共同的爱心

◎爱一个人，就要爱他的全部。——中国格言

丛飞（1969—2006年），辽宁省盘锦市大洼县人，原名张崇。1992年毕业于沈阳音乐学院。他从1994年8月开始了长达11年的慈善资助，先后资助了183名贫困儿童，累计捐款捐物三百多万元。

丛飞，一个毕业于沈阳音乐学院，本来有着大好前途的青年，从他看见失学儿童的第一眼开始，他就不断地资助失学儿童。在长达11年的时间里，丛飞凭借歌声，用义演的方式先后资助了183名失学儿童，累计捐款捐物三百多万元。在丛飞默默为社会无私奉献的艰辛路上，有一位美丽的女性也在默默地为他奉献，她就是比丛飞小12岁的漂亮女孩邢丹。为了照顾丛飞和丛飞与前妻的年幼女儿，邢丹辞去了空姐的工作，成了丛飞捐资助学的得力助手。他们曲折而高尚的爱情更是令人为之动容。

邢丹大学毕业到深圳实习，因为没有边防证而发愁。在朋友的介绍下，认识了丛飞，当时丛飞已经是小有名气的歌手了，丛飞的热情给邢丹留下了很好的印象。第一次到丛飞家里，看到的不是著名歌星应该有的豪宅，而是一个很小的五十几平方米的房子。除了满墙的奖状，几乎没有一样像样的家当，邢丹被丛飞的事迹所感动。从那以后，邢丹便常和丛飞联系，并在丛飞外出演出时帮他接送孩子。

次年，邢丹成了深圳航空公司的一名空姐。尽管经常在空中飞来飞去，

但只要一休息，邢丹便会跑去看望丛飞和他的女儿睿睿，帮既当爹又当妈的丛飞料理家务。那时，丛飞由于长期紧张忙碌地工作，已经患上了严重的胃病，发作起来疼得满头大汗。邢丹看在眼里，疼在心上，不断地给他送来各种胃药，劝他不要太拼命。

有一次，丛飞在南京演出时胃病发作，一连两天无法吃饭，但他一定要坚持到演出结束。邢丹给他打电话，从声音里听出了问题，眼泪顿时流了下来："求你别再坚持了，马上回深圳治病吧！对方给你多少演出费，我来给你！"听着一向稳重文静的姑娘情绪如此激动，丛飞感到摸不着头脑。旁边两位一起参加演出的大姐看出了问题，提醒他说："傻小子，那姑娘肯定是爱上你了！"丛飞听罢，既兴奋又难过：邢丹是一个纯洁高贵的天使，自己不但离过婚，还带着年幼的孩子，还要供养一百多个孩子读书，拿什么给她幸福的生活？丛飞下定决心：保持普通朋友的关系，让心中的那份爱深深地埋在心底。

然而邢丹更加频繁地往来他的家中，照顾他和孩子的生活，使丛飞陷入一种矛盾之中。就在这时，一名丛飞资助多年，现在学有所成的大学生给了丛飞巨大的打击。这个大学生刚从某音乐学院毕业，要求丛飞想办法让他进深圳歌舞团。然而，当时的深圳歌舞团已经编制全满，要接收他这位并无特别之处的普通大学生谈何容易。丛飞只好为他联系在一所中学教书。不料，这位大学生竟一肚子的怨气："我的理想是成为一名歌星而不是中学教师。你总说把我当成自己的孩子，我也一直称你爸爸，可你拿出一个爸爸应有的责任感来为我找工作了吗？"丛飞听到这样忘恩负义的话，伤心欲绝，想自己多年来为了能让孩子们上学，拼命工作，省吃俭用，到头来家人不理解，外人不理解，就连自己资助的孩子也不理解，顿时觉得人生失败至极。绝望的丛飞越想越心寒，便独自带了一瓶安眠药来到了莲花山上，想离开这个令他伤心的世界。这时邢丹的电话挽救了丛飞，邢丹第一时间赶到山上，丛飞说出了心里的悲伤。邢丹听着，再也抑制不住内心炙热的感情，扑到丛飞怀里。哭着说："你不是什么都没有了，你还有我呢！无论跟你吃糠还是随你咽菜，我都会跟着你，理解你支持你！"那一刻，两个人伤心的泪与幸福的泪交织在了一起。

　　然而，他们的爱情却遭到了邢丹家人的反对。邢丹却依然态度坚定："他人好，对素不相识的人都能有那样的爱心，对我还能错吗？只要能与他在一起，吃糠咽菜也幸福！"

　　2003年，全国爆发了"非典"，丛飞的各类演出也只能停止，原有的一些积蓄都给那一百多个孩子交了学费，他的生活过得十分节俭。此时，他接到北京有关方面邀请他义务进京为小汤山抗"非典"一线医务人员慰问演出的邀请。"去参加这么长时间的演出，往返的机票都要自理，没有两万元是难以支撑下来的。"摸摸空空的腰包，丛飞焦急万分："用生命与非典恶魔抗争的医务工作者需要我去为他们演出，这是我作为一名深圳义工的光荣！可到哪里去找那两万元钱呢？"丛飞一时不知所措。这时，邢丹拿出了自己的全部积蓄："去北京吧。"丛飞高兴地跳了起来："你是这个世界上最理解我的人！"

　　送走了丛飞，邢丹心里禁不住有些担忧："给'非典'一线医务人员演出，万一被染上'非典'病毒怎么办？"一连多日，她食不知味，昼夜为丛飞担心。好不容易盼来了丛飞将要结束慰问演出返回深圳的日子，邢丹这边又发生了一桩意外——深航的一个航班上发现了一名'非典'患者，而那位患者所乘的航班正好是邢丹当值的航班。为此，邢丹和所有的机组人员都被迫隔离15天。刚刚结束在北京十多天演出返回深圳的丛飞听到这个消息后，心急如焚。虽然近在咫尺，他们却只能通一通电话。那一刻，他们都泪流满面。

　　值得庆幸的是，15天隔离期过去了，邢丹和机组人员无一被'非典'病毒感染，他们终于可以与家人朋友们见面了。经历了这一场生离死别的考验，邢丹和丛飞再也不愿分离。他们没设豪华的婚宴，也没有家人亲朋的祝福，两个人悄悄结婚了，发誓今生今世永不分离。

　　婚后的日子忙碌得令两个人喘不过气来。邢丹时常要随航班远航，丛飞也要到各地去演出，家里年幼的睿睿无人照料。邢丹考虑再三，作出了一个大胆的决定：放弃她热爱的空姐工作，回家照顾孩子与丈夫！就这样，2003年底，邢丹成了丛飞专职的家庭主妇。

　　2004年7月，邢丹跟随丛飞去黔南贫困山区为所资助的孩子送学费。走进那些穷得全部家当加在一起也不过二三百元的家庭，邢丹几乎不敢相信自己的眼睛：窗子上连纸都糊不齐，灶台上的饭菜是玉米面与玉米秆磨碎搅拌在一起的混合物……那一刻，她深刻理解了丈夫为什么宁可自己省吃俭用也要帮助那些贫困孩子读书。从此，邢丹成了丛飞资助贫困学生的助手。孩子们时常来信让丛飞给他们买些书和学习材料，邢丹便主动跑完书店跑邮局，为丛飞分担了许多。

2005年5月12日，丛飞被告知已经患上了胃癌晚期。然而此时邢丹已经怀孕了，丛飞为了给邢丹减轻负担，便向好友徐曼留下了遗言："邢丹与我夫妻一场，跟我过着清贫的日子，还跟着我去贵州贫困山区捐资助学，吃尽了苦头。在这个世界上，我最对不起的人就是她了。她还那么年轻，我死后，她自己怎么带这个还没有出生的孩子呢？你们大家一定要做通邢丹的工作，让她把孩子打掉，这样便于她以后的生活。另外，如果可能，你们要尽量照顾邢丹，包括将来帮助她找个好人，她太苦了。"说到这里，丛飞再也控制不住心中的悲伤，泪流满面。他对她有着太多的不舍，有着太多的遗憾。随后，丛飞又对徐曼说，他希望父母将女儿睿睿带回辽宁乡下抚养，不要再给邢丹增添负担……

5月13日，徐曼得知丛飞手术后情况不好，便将丛飞对她所说的遗嘱内容说了出来。然而，邢丹听罢丛飞的遗嘱，情绪激动得不能自制："我怎么可以为了自己而将这个孩子打掉呢？无论如何，我都要把他生下来……"邢丹号啕大哭。之后，她又对大家说："请你们都去劝说丛飞吧，不要将女儿睿睿送到辽宁农村，那里虽然容易生活，可也会埋没了睿睿的聪明与智慧。无论将来怎么样，我都要将她带在身边，把她抚养成人。"

为了照顾病中的丛飞，邢丹不顾五个多月的身孕，坚持昼夜24小时陪护在丛飞的身边，为他揉背，为他做所有事情，还要为他强装笑脸。从来没为自己的病情掉过一滴眼泪的硬汉丛飞，看着妻子消瘦的面庞和强忍悲伤的笑脸，一次又一次地悄悄落泪："如果说善有善报，上苍给了我丰厚的回报，那就是让我娶到了一个好妻子。"

2006年4月20日，丛飞因病医治无效在深圳市人民医院去世。37岁的丛飞生前立下遗嘱捐献眼角膜，以他最后的爱心之举，将光明永远馈赠社会、长留人间。

◎故事感悟

丛飞，一个热心帮助别人的好青年，却没有给妻子一天富足的生活，妻子邢丹却无怨无悔，默默地支持着丈夫的爱心义举。他们是没有富足的物质生活，但他们的精神世界却是丰富的，他们的爱心行动，感染了那么多的人，也感动着我们！

◎史海撷英

深圳的历史

深圳一名始自明永乐八年（1410年），因所处环境、河沟（南方人习称圳或涌）纵横，故名。清康熙七年（1668年）在新安县边境修筑了深圳、盐田、大梅沙、小梅沙等21座墩台为边陲哨所，以后逐渐成墟。民国二十年（1931）设深圳镇。1979年3月撤宝安县设立深圳市，市政府驻深圳镇。1979年8月撤深圳镇，深圳一名由深圳市名沿用下来。

◎文苑拾萃

沈阳音乐学院

沈阳音乐学院院址在沈阳市和平区三好街。

1938年，学院缘起由毛泽东、周恩来、林伯渠、涂特立、周扬等老一辈无产阶级革命家，在延安发起成立鲁迅艺术学校。1940年更名为鲁迅艺术文学院。抗战胜利后，学院迁址东北。1948年沈阳解放后，学院定址沈阳，改称东北鲁迅文艺学院。1953年在学院音乐部的基础上，成立东北音乐专科学校。1958年正式更名为沈阳音乐学院。

生命冬季紧握你的手

◎独自莫凭栏，无限江山，别时容易见时难。流水落花春去也，天上人间。——李煜

罗京（1961—2009年），四川省彭州市人。中国共产党第十七次全国代表大会代表，中央电视台播音主持人队伍的领军人物，中国中央电视台《新闻联播》节目的主播之一，中央电视台播音主持人业务指导委员会副秘书长、新闻采编部播音组副组长，播音指导。2009年6月5日，因患淋巴癌在北京去世，享年48岁。

和许多20世纪60年代出生的人一样，罗京和妻子刘继红经人介绍走到一起。幸运的是，两人在相处后发现对方越来越多的优点，罗京喜欢刘继红的文静大方，刘继红爱慕罗京的稳重成熟。

恋爱期间，为了表达自己的诚意，罗京拿出自己的看家本领——在刘继红家楼下，用响亮的播音腔一本正经地朗读"情书"，惹来了一群听众，听得楼上的刘继红又欢喜又羞涩，"噔噔噔"地下楼了，手上捧着一杯泡着青果的茶，红着脸塞到罗京手里。娇嗔地说："你也不害臊。"然后低头就笑开了。一年后，罗京迎娶刘继红。

儿子出生后，刘继红更忙了，但罗京主持的《新闻联播》又改成直播，夫妻俩经常忙得没时间接儿子放学。刘继红萌生了一个想法：辞去薪水比罗京还高的工作，回家做全职太太。

为了帮助丈夫减轻工作压力，刘继红从来不让他做家务，而是给他听一些舒缓的音乐，和他聊一些轻松的话题。即使自己心里有什么不愉快，也尽量不表露出来。有一次儿子病了，需要住院治疗。半夜里，罗京下班后赶到

医院准备陪床。刘继红担心他在医院休息不好，影响第二天的播音质量，坚决不让他住在医院。罗京体谅妻子，坚持要陪在儿子身边。刘继红就发火了，说如果罗京不走，她就带着儿子出院。罗京只好回家睡觉，心中对妻子充满感激。

有一年冬天，两人为一件小事争执，性急的刘继红声音高了八度："你到底要怎么样？"罗京害怕争吵伤了彼此的感情，主动避开妻子的火气，闷着头一个人走进了书房，老半天也没出来。半夜里，他出来一看，刘继红睡在客厅里的沙发上。他的心里像被什么刺了一下，歉意从心底涌了上来。他怕妻子睡沙发着凉，于是轻轻走过去，俯在妻子耳边说："你可以和我生气，可不能和自己的身体生气啊。以后再不能睡沙发了，我会心疼的。"此后，他们夫妻之间形成了一条不成文的规定：吵架不过夜，女士不许睡沙发，有什么想法要相互坦诚地交流沟通。

生活中的点点滴滴，让罗京感受到了刘继红对自己无微不至的爱，也让他检讨自己身为人夫的不足之处。

有一次，刘继红身体不适，很少下厨的罗京硬着头皮做饭。想到妻子病了都吃不到自己做的可口饭菜，罗京下决心跟妻子学做菜。学会做菜后的罗京，也变得越来越温情，时不时送给刘继红一些小礼物。因为工作需要，罗京经常去世界各地出差。工作之余，他会特意去逛古董店和茶叶店，看中什么东西后就打电话告诉妻子，或是拍成数码照片传给妻子看。妻子如果满意，他就会买下来。

罗京曾感慨地对朋友说："美丽的家不是一夜之间建成的，这里每一个茶罐，都凝聚着我们夫妻俩的岁月深情，融合了我们的甜蜜情感，我们的感情，就像我现在喝的普洱茶，越泡越浓郁，让人回味无穷啊。"

2008年罗京接受中央电视台安排的一年一度的例行体检。结果出来后，医生一脸凝重地告诉罗京："你腹股沟有肿物，初步确定是淋巴肿瘤。"罗京的神经顿时绷紧了："要紧吗？""现在医学很发达，这种肿瘤应该可以控制。"罗京紧张的心这才有些放松。

晚上回到家，罗京平静地将体检结果告诉了妻子刘继红。尽管罗京说的轻描淡写，但她的心还是猛地一抖。深夜，待罗京睡着后，刘继红悄悄披衣起床，在网上搜索淋巴肿瘤的相关资料。一行行文字像烙铁一样灼痛了刘继红的双眼：在我国，淋巴肿瘤中恶性的比例超过40%，多发于40至50岁的中老年人。如果达到中高恶性程度，患者的存活期很少能超过一年……

丝丝缕缕的担忧和痛楚在刘继红心头蔓延，下半夜她再也无法入眠。次日一大早，刘继红红着眼眶对罗京说："你的病不能掉以轻心，必须马上住院接受治疗！"罗京摆摆手："现在我哪有时间去医院？奥运会后再说吧。"此时离北京奥运会开幕不到一个月了，罗京很想在这场百年不遇的盛事中留下自己的声音。在这个关键时刻，他怎么舍得躺在医院呢？错过了奥运会，他会遗憾一辈子的。

一向尊重丈夫意见的刘继红，这次却表现出少有的倔强。她一边为丈夫收拾行李，一边絮絮叨叨地埋怨罗京不爱惜身体。随后，她开车强行将丈夫送进北京肿瘤医院。鉴于罗京的影响力及知名度，院方特意安排罗京住进东楼八层外科特需病房，并专门为他组建了一个专家治疗小组。

当天下午，主治医生朱军为罗京做了骨穿刺检查。粗粗的针头扎进罗京的脊髓，剧痛在他身体的每个角落蔓延，豆大的冷汗顺着他的额头滚了下来。看着丈夫痛苦得五官都扭曲了，刘继红心如刀割。

然而，更令刘继红揪心的是丈夫的病情。骨穿刺检查的结果显示：罗京患上了非霍奇金淋巴瘤，属于中高恶性程度，也就是俗称的淋巴癌。打击猝不及防，没有任何心理准备的刘继红几乎要昏厥过去。她跌跌撞撞地跑进洗手间，用牙齿咬紧衣角，发出痛苦、压抑的哭声。

虽然刘继红和院方对罗京隐瞒了病情，但敏感的罗京还是从医护人员的言谈举止中，知道了自己病情的真相。原来可怕的癌魔缠上了自己！一股无法遏制的惊恐顿时直抵罗京的心扉，这个坚强的男人流下了痛楚的泪水……

罗京含泪告诉刘继红："我知道病情很严重，这些年因为忙忽视了你，连带你去看海的愿望都没有实现……万一我有什么不测，你要带着儿子好好生活。"

一番话，让刘继红犹如万箭穿心。大哭一场后，她反而冷静下来。自从1988年6月与罗京结婚以来，丈夫一直是家里的顶梁柱。担心她既要上班，又要照顾家庭和孩子，一天到晚很累，丈夫让她辞掉北京广播学院讲师的工作，回家做了全职太太。而今丈夫罹患癌症，公公婆婆年迈多病，13岁的儿子罗疏桐也需要人照顾，现在自己应该代替丈夫成为这个家的顶梁柱。如果她也倒下了，这个风雨飘摇的家就塌了。

刘继红擦去眼角悲伤的泪水，将阳光灿烂的一面展现给丈夫。征得医生的同意后，刘继红买来月季、一品红、百合等鲜花，将病房装扮得姹紫嫣红，宛如春天。儿子罗疏桐用贝壳串起了一串漂亮的风铃，刘继红亲手将风铃挂在窗台上，风一吹就叮当作响。经过刘继红这一装扮，病房这片坚硬的冻土有了生机和活力，这让罗京悲凉的心情有所好转。

残酷的化疗开始了。医生往罗京的脊髓里注射柔红霉素、丝裂霉素等化学药物。强烈的副作用让罗京感到恶心、呕吐、食欲不振。每次刘继红将从家里做好的饭菜端到罗京面前，尽管他一口也不想吃，但为了不让妻子和医生担心，他强迫自己能吃多少吃多少。

与此同时，在刘继红的鼓励下，罗京向北京奥组委申请担任奥运火炬手。鉴于罗京的影响力，组委会同意了他的请求。2008年8月6日，罗京参加北京奥运火炬传递仪式，作为第140棒火炬手出场。这天一大早，刘继红为丈夫穿上鲜艳的运动服，亲手为他系上标有五环标志的发带，然后陪同丈夫前往。看着丈夫高擎火炬，一路兴奋地挥舞手臂完成了自己的传递路程，刘继红忍不住流下了欣慰的泪水。

经过一段时间的化疗，罗京的病情有所缓解，8月中旬，刘继红将罗京接回家里休养，在她的精心照顾下，罗京感到体力和精力得到了恢复。8月31日，在离别工作岗位一个多月后，罗京再次出现在亿万观众面前，与李修平共同播报了当天的《新闻联播》。电视里，罗京依然神采奕奕，声音依然那么富有金属质感，根本看不出大病在身。只有刘继红知道，这一个多月来，丈夫经受着怎样的折磨和煎熬。此时此刻，刘继红只有一个最朴素的愿望：每天晚上都能在电视里看到丈夫，听到他的声音。对她来说，这就是最大的幸福！

每天晚上9点，罗京从电视台回到家里，浑身虚汗淋漓，连上楼梯都非常吃力，从身体到心理都有种难以形容的疲惫。见此情景，刘继红对丈夫下了

"最后通牒"："你身体不彻底康复，就不准再去上班！"自从1983年从北京广播学院播音系毕业进入《新闻联播》组，罗京已经在这个岗位上工作了25个年头。在这漫长的25年里，他3000多次出镜，工作已经成了他的生活习惯，而今要骤然打破这种固有的生活习惯，他怎么能适应呢？

见无法说服丈夫，刘继红拨通了罗京主治医生的电话，将丈夫的情况详细地告诉了对方。主治医生认真地告诉罗京："你再出去工作，是对自己和家人的不负责任，你这种病本来就是因为工作压力大、劳累过度、生活没有规律引起的。你现在的首要任务就是安心养病。"医生的话客观公正，罗京只得尊重他的意见。

就这样，罗京在家里静养，刘继红每个星期陪他去北京肿瘤医院做一次化疗。频繁的化疗对罗京身体的免疫系统破坏很大，他全身浮肿，经常发烧盗汗，头发大把脱落，胃口极差。罗京喝不下寡淡的白开水，刘继红就买来胡萝卜、苹果、梨榨汁，让罗京喝下。

9月21日，身体虚弱的罗京不小心感冒了，高烧39℃持续不退。刘继红心急如焚，赶紧将丈夫送进北京肿瘤医院。医生紧急为罗京消炎、输液后，罗京的高烧是退下来了，但免疫力极低，很容易引起并发症。医生要求他继续在医院接受观察治疗。因为刘继红要在医院里陪伴丈夫，不能回家照顾儿子，此时孩子在北师大实验中学上初二，每天挤公交车上下学。刘继红只好让孩子每天住在罗京哥哥罗平家。

刘继红的安慰和医生的治疗，让罗京的情绪很稳定。他甚至还主动和刘继红开玩笑："我头发越来越少，说不定哪天就成了和尚，到那时你该不会把我给'休'了吧！"刘继红微微一笑，笑里却带着泪："你老婆孩子都有了，还当得了和尚吗？"

几天后，罗平来医院看望罗京时告诉他们，母亲得了脑血栓，在海淀医院经过抢救，已经脱离了生命危险。哥哥的话让罗京的心沉甸甸的，年过七旬的母亲身体一直不好，多年来全靠药物支撑。自己患上淋巴癌后，他和刘继红及家人对父母封锁了消息，两个多月了，他一直没有见过母亲。现在母亲躺在病房里，自己却不能在她床前尽孝，罗京忍不住泪流满面。

刘继红知道丈夫是个大孝子，能体会他心里的遗憾和痛苦，征得医生同意后，她决定陪着丈夫去医院看望婆婆。为了不让公公婆婆看出罗京患病的迹象，刘继红给丈夫买来一顶鸭舌帽，以遮盖他日渐稀疏的头发；罗京脸色蜡黄，且有些浮肿。刘继红在他脸上抹上粉底，让他看上去精神些、健康些……

见到母亲那一刻，罗京心里很不好受，他紧紧抓住母亲的手，含泪说："妈，对不起，我工作太忙了，没能在医院照顾您。"母亲用一双黯淡无神的眼睛看着儿子，老泪纵横。父亲有些不满地埋怨罗京："我们一天天老去，见你一面怎么这么难？"刘继红赶紧替丈夫开脱，撒谎说："他不是加班就是出国，一天到晚不着家，我见他一面都很难。"父亲叹了一口气，不再说什么。老父亲哪里知道，眼前的儿子正在经受癌症的考验，生命犹如风中摇曳的烛光……

走出医院，罗京忍了多时的泪水终于决堤而出。刘继红挽着丈夫的手，心里沉痛无比："日后父母知道你患病的真相，他们不会怪你的。你的当务之急是安心养病，我替你去给妈妈尽孝。"接下来的日子里，刘继红一边在医院陪伴罗京，一边抽时间去照料婆婆。一天到晚两头跑，忙得不可开交。

11月15日，刘继红在给婆婆擦身体时，由于长期的精神负担和体力透支，她突然眼前一黑，晕倒在地。公公婆婆吓坏了，赶紧叫来护士。在医务人员的帮助下，过了好一会，刘继红才苏醒过来。得知这一切，罗京既痛心又担忧，妻子负荷实在太重了，照这样下去，妻子也会倒下来，到那时他们这个家很可能会崩溃。在这种情况下，罗京向远在四川的表姐王莉文求援。王莉文的父亲与罗京的母亲是亲兄妹，罗京与这个表姐一直来往频繁。王莉文曾担任乐山市的副市长，现已退休在家，知道表弟有难处，立即赶到北京，让刘继红一心一意照顾罗京，她来照料罗京的父母。

伴随着朔风与雪花，2009年春节悄悄来临了。按照医生的要求，罗京应该在医院里过春节，但想到这些年来与妻子和儿子一起过春节的次数屈指可数，罗京向医生提出，希望能回家过春节。医疗小组对他进行了全面检查后，同意了他的要求。

刘继红将他们位于西城区金融街的家收拾得干干净净，还贴上了喜庆的

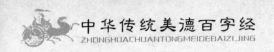

窗花和对联。1月25日是除夕，这天上午，刘继红开车去医院将罗京接回家。这时，罗京的父母、大哥大嫂一家已经在家里等着他。一大家子人其乐融融，过了一个特殊的春节。这是刘继红和罗京记忆中最热闹、最温馨的一个春节。

　　然而，令人遗憾的是，大部分淋巴瘤患者经过化疗治疗能够康复，但仍有20%的患者不在此列，罗京就是其中之一。长时间化疗，已经无法抑制罗京体内癌细胞的扩散，如果再加大化疗药物的剂量，会严重破坏他的造血功能和肝肾功能。在这种情况下，2009年2月7日，罗京在刘继红的护送下，从北京肿瘤医院转入307医院，住进了该院移植病区的病房。主治医生根据他的病情，决定尽快为他做异基因造血干细胞移植手术，这是挽救罗京生命的唯一途径。

　　罗平得知弟弟要进行骨髓移植，在妻子的支持下，他第一时间赶到307医院，要求为弟弟捐献骨髓。经过检测，罗平的七个点位有六个与罗京匹配，完全符合捐献条件。2月9日，陈虎率领医疗小组，为罗京实施了造血干细胞移植手术……

　　手术后，罗京被推进ICU病房，昏迷两天后终于醒了过来。当他睁开眼睛，出现在他视线里的是妻子憔悴的脸和红肿的双眼。刘继红颤抖地从包里拿出儿子罗疏桐写给罗京的信，含泪念给他听："爸爸：听说您做了手术，我很担心您，我知道您是个坚强的男人，一定会挺过来的。您是我和妈妈的主心骨，咱们家不能没有您。我要上课，不能去医院陪伴您。您一定要答应我，好好康复……"

　　百感交集的泪水从罗京的眼角涌了出来："儿子真的长大了，懂事了。"刘继红抓紧罗京的手，哽咽着说："儿子说得对，我们一家三口就是一个整体，谁也不能少！"相依为命的亲情在这对患难夫妻心头涌荡……

　　一个星期后，罗京移出了ICU病房，医生为他进行了复查。结果令所有人都激动万分：罗京体内肿瘤细胞活性完全消失了。也就是说，如果病情不再复发，罗京彻底痊愈后将和健康人没什么两样。

　　得知这一切，刘继红喜极而泣，她密不透风的心透进了缕缕新鲜空气，感到从未有过的轻松。罗京也有一种劫后余生的惊喜。他抚摸着妻子瘦削的脸颊，动情地说："这段时间你受苦了，等我彻底康复了一定好好补偿你！"

经历这场劫难，刘继红对婚姻和生命有了更深刻的感悟。以前，她与罗京之间也像天底下所有的普通夫妻一样，免不了为一些家庭琐事磕磕绊绊，丈夫什么事情没有做好，她也会唠唠叨叨；而现在在她看来，与生命相比，一切都显得那么微不足道。活着，平平安安地活着，比什么都好！

罗京热爱体育运动，曾是明星足球队的主力队员，身体倍儿棒。而今，病痛的折磨让他身体异常虚弱，手无缚鸡之力。为了帮丈夫恢复体能，刘继红每天晚饭后都陪他出去散步，在运动器械上甩臂伸腿。她还特地买来一对1公斤重的小哑铃，每天督促罗京锻炼一个小时。这样一来，罗京的气色明显好转，饭量也大了。3月中旬，罗京兴致勃勃地给央视新闻中心领导打电话："我太想念大家了，过不了多长时间我就可以回台里上班了！"

然而，罗京做梦都没想到，他回台里上班这个再普通不过的愿望，再也无法实现了。4月23日傍晚，罗京在病房的阳台上举哑铃时，突然感觉浑身像被抽去了筋骨，瘫软在地，哑铃重重地砸在地板上。接着，罗京剧烈咳嗽，痰中带血。刘继红吓得脸色惨白，连忙叫来医生。专家经过会诊后，得出的结论让所有人的心沉入了谷底：罗京骨髓移植后病情复发，体内癌细胞又呈弥漫性扩散，必须再次进行异基因干细胞造血移植手术。

刘继红精神几近崩溃。她在电话里哭着把丈夫的情况告诉了罗平。罗平没有丝毫犹豫，认真地对刘继红说："你马上转告医生，我决定再次为罗京捐献骨髓，随叫随到。"

2009年5月2日，以陈虎为核心的医疗专家小组再次为罗京实施了异基因干细胞造血移植手术。手术取得了成功，罗京也从昏迷中苏醒了过来，但他的身体每况愈下，头发全部掉光，原本75公斤的体重减少到不到50公斤，脸庞呈骇人的暗黑色。每次刘继红为丈夫换衣服时，抚摸着丈夫瘦骨嶙峋的身躯，她肝胆俱裂：这就是《新闻联播》中那个光彩照人、神采奕奕的丈夫吗？这就是绿茵场上那个纵横驰骋、生龙活虎的丈夫吗？这就是那个在家里一边拉京胡，一边陶醉地唱京剧《打虎上山》的丈夫吗？刘继红恍然如梦……

更让刘继红揪心的是，罗京第二次骨髓移植后出现了各种感染并发症，肺结核、肾炎缠上了他。他严重口腔溃疡，上颚、舌床没有一块好皮肤，连喝口水都疼得眉毛都会纠结在一起，更无法正常进食，每次吃饭前医生都要用麻醉药让他漱口，这样他才能勉强吃些东西。

尽管已经病入膏肓，但罗京表现出少有的坚强，即使身体再疼痛，他也没有大喊大叫。每次见刘继红流泪，他都轻言细语地安慰她，和她一起回忆一些美好的往事，转移她的注意力。

5月29日，罗京在病房里迎来了48岁生日。早在两天前，公公婆婆就给刘继红打来电话，说要过来为罗京庆贺。此时，罗京的母亲下半身已经瘫痪，每天只能以轮椅为伴。要是她和父亲知道了罗京的病情，两位老人怎么能承受这样打击呀？

刘继红与罗京商量后，决定继续对公公婆婆隐瞒病情。第二天上午，刘继红带着营养品去看望公公婆婆，婆婆不解地问："罗京怎么没有过来看我。"刘继红脸上带着笑，故作轻松地说："妈，罗京到上海学习去了，要过一段时间才能回来。他让我代他向你问好。"见儿媳这样说，公公婆婆信以为真。走出公公婆婆的家门，刘继红蹲在地上失声痛哭……

刘继红热热闹闹地为罗京在病房里过了他的48岁生日。央视的领导和同事赶来了，罗京的哥哥和亲戚赶来了，陈虎和医务人员也围在罗京身边。大家一起为罗京切生日蛋糕，吹生日蜡烛，说一些祝贺的话语。而罗京说话都很吃力，连走路都需要人搀扶，但他的眼睛里写满了感激和喜悦。这位平时看上去严肃、不苟言笑、话语不多的人，此时此刻情难自抑，一遍遍对所有的人说着感谢的话。此情此景，令在场的人潸然泪下。

客人一一散去，病房重归静寂。蓦然间，罗京心里有种说不出的悲凉，他知道属于自己的生命时光已经不多了，他轻轻呼唤刘继红在自己身边坐下，含泪说："继红，对不起，我可能没法实现陪你一起去看大海的愿望了。父母老了，我也许无法为他们养老送终了。儿子再过一年就要上高中了，我不能为他开家长会了……当初结婚时，我答应过你，要和你白头偕老，可是现在我要先走一步了……"大颗大颗的泪珠从罗京眼里滚出。刘继红肝肠寸断。

2009年6月1日，罗京的病情开始急剧恶化；5日凌晨，他突然出现心脏衰竭，心率开始降低，7时05分，罗京的心脏永远地停止了跳动。因悲痛过度，刘继红几度昏厥过去。

6月11日，罗京的遗体告别仪式在北京八宝山人民公墓举行。央视的领导和同志，6万多名社会各界群众自发从全国各地赶来了，大家怀着悲痛的心情，来为罗京送别，送他最后一程……

望着袅袅轻烟从烟囱里升上蓝天，刘继红默默地说："亲爱的，你安心走吧，我们每个人都是排队进天堂，只不过你先走了几步，在那边等我……我会带着儿子好好活下去，实现你的那些心愿……安息吧，我的爱人！"

◎故事感悟

罗京一个为中国人民熟知的面孔，人们每天在新闻联播中与他见面，听着他那稳健的播音，然而对于他生活的一面，却知道甚少。直到他去世后，他生前的一些事才逐渐被人们了解。罗京与妻子的爱让人羡慕，让人感动，让人叹息！罗京英年早逝，他的离去带走了妻子"全部的思念"，美满的婚姻，缺憾的结局……我们为之叹息！

◎史海撷英

中国中央电视台

中央电视台是中国重要的新闻舆论机构，是党、政府和人民的重要喉舌，是中国重要的思想文化阵地，是当今中国最具竞争力的主流媒体之一，具有传播新闻、社会教育、文化娱乐、信息服务等多种功能，是全国公众获取信息的主要渠道，也是中国了解世界、世界了解中国的重要窗口，在国际上的影响正日益增强。

改革开放以来，中央电视台发展迅猛，日新月异。目前共开办20套电视节目，分别为综合频道、财经频道、综艺频道、中文国际频道、体育频道、电影频道、军事·农业频道、电视剧频道、英语新闻频道、科教频道、戏曲频道、社会与法频道、新闻频道、少儿频道、音乐频道、西班牙语国际频道、法语国际频道、高清综合频道、阿拉伯语国际频道、俄语国际频道，内容几乎涵盖社会生活的各个领域。中文国际频道、英语国际频道通过卫星传送覆盖全球，西班牙语国际频道、法语国际频道、阿拉伯语国际频道也已覆盖欧洲、南美、中东、北非等众多国家和地区。2004年，中央电视台投资成立的中央数字电视传媒有限公司又建成两个高水平的数字电视频道——海外戏曲频道和海外娱乐频道，业已登陆北美地区。

"传承文明，开拓创新"。跨进新世纪，中央电视台将抓住机遇，深化改革，加快发展，做强做大，努力建设成为国家主力、亚洲一流、世界前列的电视大台，与时俱进，继往开来，开创21世纪更加美好的明天。

◎文苑拾萃

比肩相亲

语出有南北朝任昉《述异记》："三国时，有个叫陆东的人，与妻子朱氏感情浪好，被称为比肩人。"比：紧靠，挨着。形容夫妻关系好。

ZHONGHUACHUANTONGMEIDEBAIZIJING

中华传统美德百字经

情·夫妻情笃

第五篇

感动几千年的爱情传说

孟姜女肝肠寸断感天动地

◎绿杨芳草几时休？泪眼愁肠先已断。——钱惟演

秦始皇（公元前259—前210年），中国历史上第一个大一统王朝——秦王朝的开国皇帝。嬴姓，赵氏，名政，秦庄襄王之子。

　　秦皇岛的山海关附近有座贞女庙，供着家喻户晓的孟姜女。

　　相传在秦朝时，我国南方有个风景如画的山村，住着两户人家，比邻而居。墙东是孟家，墙西是姜家，两家人相处得就像一家人一样。

　　有一年，墙东的孟家栽了一棵葫芦秧。这棵葫芦秧长着长着，竟爬到隔壁姜家去了。到了夏天，在那边结了一个大葫芦。

　　这葫芦长得很大，人人见了都要夸几句，说它能装下一个胖娃娃。

　　秋天到了，葫芦熟了。

　　一个大葫芦长在两家的院子里，怎么办呢？孟家和姜家一商量，那就两家平分吧。

　　他们把葫芦切开一看，里面金光闪亮，端端正正地坐着一个小姑娘，长得眉清目秀，十分讨人喜爱。孟家和姜家都没有孩子，便决定共同抚养她，作为孟家和姜家的女儿，给她取名孟姜女。

　　孟姜女越长越好看，好似下凡的仙女一般。两家都把她视为掌上明珠，宠爱得不得了。

　　孟姜女整天在后花园的绣楼上吟诗作画，弹琴下棋，有时也挑针刺绣。

她心灵手巧，是远近闻名的大家闺秀。

那时，秦始皇正在修筑万里长城，到处抓人去做工。这项工程十分浩大，饿死、累死的劳工不计其数。人死之后，都被扔在城墙里头当石头用了。

有个青年叫范喜良，饱读诗书，为人谦和。有一天，衙役到他家抓丁拉夫，父母连忙让他从后门躲出去。衙役一见，立即追了上去。他慌不择路，见前面有个花园，便跳进去躲在假山后面，最终躲过了这次劫难。

这花园是孟姜女家的。那时，孟姜女正跟贴身丫鬟在后花园里游玩。有一只大花蝴蝶翩翩起舞，主仆两人都想逮住它。大花蝴蝶向假山后面飞了过去，两人跟着赶过去。

"哎呀！"孟姜女突然惊叫一声，把丫鬟吓了一大跳。原来她发现了一个浓眉大眼的陌生男子正躲在那里惊恐地喘着粗气。

范喜良藏不住了，忙站出来说："小姐救我呀！小姐救我呀！"孟姜女这才定下神来，把范喜良从头到脚打量了一番，顿时觉得好像一轮太阳从心头升起：真是一表人才，又英俊又潇洒。当她得知范喜良是逃难的，心地善良的她就赶紧派丫鬟去找孟员外说情，看能不能收留他。

孟员外带着家丁来了，听了范喜良的一席话，他高兴得合不拢嘴：果然是才貌双全，要是招来做上门女婿，那可真是太好了。

孟员外和姜家一商量，都同意孟姜女和范喜良的婚事，便择了个吉日良辰请来亲戚朋友，摆了两桌酒席，欢欢喜喜地闹了一天。孟姜女和范喜良拜堂成亲，结为伉俪。

常言说："人有旦夕祸福，天有不测风云。"小两口成亲还不到三天，突然闯来了一伙衙役，不容分说，生拉硬扯地把范喜良抓走了！

这一去明明是凶多吉少，孟姜女眼巴巴地盼了一年，不光人没盼到，就连个信也没有盼来。

孟姜女放心不下，一连几夜为丈夫赶制御寒的棉衣，要亲自去长城寻找丈夫。爹妈见她那执拗的样子，拦也拦不住，就答应了。

孟姜女打理行装，辞别老人，踏上了行程。上路后，一直向北走去，爬过一座座山，越过一道道岭。饿了，吃口凉馍馍；渴了，喝口冰凉的水；累了，

就坐在路边歇口气儿。

有一天，她问一位打柴的老人："请问老伯，这儿离长城还有多远？"

老人回答说："幽州在很远很远的北方，长城还在幽州的北面。"

孟姜女心想："就是长城远在天边，我也要去，找到我的丈夫！"

孟姜女刮着风也走，下着雨也走。一天，她走到了一个前不着村、后不着店的荒郊野外，天也黑了，人也乏了，就奔破庙去了。破庙挺大，只有半人深的荒草和龇牙咧嘴的神像。她孤零零的一个年轻女子，怕得不得了。可是她也顾不上这些了，找了个旮旯就睡了。夜里她梦见了正在桌前跟着丈夫学书，忽听一阵砸门声，以为闯进来一帮抓人的衙役。她一下惊醒了，原来是风吹得破庙的门窗在响。她叹了口气，看看天色将明，又背起包裹上路了。

一天，她走得精疲力尽，又觉得浑身发冷，刚想歇歇脚儿，咕咚一下子就昏倒了。她苏醒过来时，才发觉自己正躺在农家的热炕头儿上。大娘给孟姜女擀面，沏红糖姜水。她千恩万谢，感激不尽。

孟姜女出了点汗，觉得身子轻了些，就挣扎着起来继续赶路。大娘含着泪花拉着孟姜女说："孩子，我知道你寻夫心切，可你身上热得像火炭一样，谁能忍心让你走啊！再说，看看你那脚，都成了血疙瘩了，哪还能走啊！"于是孟姜女在大娘家又住了两天，病没好就又动身了。

老大娘一边掉泪，一边念道："这是个多么好的媳妇呀！老天爷啊，你就行行好，让天下的善良夫妻都能团聚吧！"

孟姜女历尽千辛万苦，终于到了修长城的地方。她问修长城的劳工："请问，你们知道范喜良在哪儿吗？"

劳工回答说："不知道。"

孟姜女不知问了多少人，都说不知道。

这天，孟姜女终于遇到了和范喜良一起修长城的劳工。孟姜女着急地问："各位乡亲，你们是和范喜良一块儿修长城的吗？"

"是啊。"

"范喜良呢？"

大伙你瞅瞅我，我瞅瞅你。一个个都含着泪花，谁也不吭声。

　　孟姜女一见这情景，头嗡的一声，刚要跌倒，大家扶住了她。

　　她瞪大眼睛追问道："范喜良呢？"

　　大伙见瞒不过，吞吞吐吐地说："范喜良上个月就累死了！"

　　"尸首呢？"

　　大伙回答说："死的人太多，埋不过来，监工都叫填到长城里去了！"

　　话音未落，孟姜女扑到长城上，失声痛哭起来。她一直哭了三天三夜，直哭得成千上万的劳工低头落泪，直哭得天上日月无光，四周天昏地暗，北风怒号，大海扬波。

　　忽然，"哗啦啦"一声巨响，长城像天崩地裂似地一下倒塌了一大段，露出了一堆人骨头。那么多的白骨，哪一个是自己的丈夫呢？她忽地记起了小时听母亲讲过的故事：亲人的骨头能渗进亲人的鲜血。她咬破中指，滴血认尸。她又仔细辨认破烂的衣扣，认出了丈夫的尸骨。孟姜女守着丈夫的尸骨，哭得死去活来。

　　正哭着，秦始皇带着大队人马，巡察边墙，从这里路过。听说孟姜女哭倒了城墙，秦始皇立刻火冒三丈，暴跳如雷。他率领三军来到角山之下，要亲自处置孟姜女。可是他一见孟姜女年轻漂亮，眉清目秀，如花似玉，就要霸占孟姜女。孟姜女哪里肯依！秦始皇派了几个老婆婆去劝说，又派中书令赵高带着凤冠霞帔去劝说，孟姜女死也不从。最后，秦始皇亲自出面。孟姜女一见秦始皇，恨不得一头撞死在这个无道的暴君。但她转念一想，丈夫的怨仇未报，黎民的怨仇没伸，怎能白白地死去呢！她强忍着愤怒听秦始皇胡言乱语。秦始皇见她不吭声，以为她是愿意了，就更加眉飞色舞地说上劲了："你开口吧！只要依从了我，你要什么我给你什么，金山银山都行！"

　　孟姜女说："金山银山我不要，要我从你，只要你答应我三件事！"

　　秦始皇说："莫说三件，就是三十件也依你。你说，这头一件！"

　　孟姜女说："头一件，得给我丈夫立碑、修坟，用檀木棺椁装殓。"

　　秦始皇一听说："好说，好说，应你这一件。快说第二件！"

"这第二件，要你给我丈夫披麻戴孝，打幡抱罐，跟在灵车后面，率领着文武百官哭着送葬。"

秦始皇一听，这怎么能行！我堂堂一个皇帝，岂能给一个小民送葬呀！"这件不行，你说第三件吧！"

孟姜女说："第二件不行，就没有第三件！"

秦始皇一看这架势，不答应吧，眼看着到嘴的肥肉摸不着吃；答应吧，岂不让天下的人耻笑。又一想：管它耻笑不耻笑，再说谁敢耻笑我，就宰了他。想到这儿他说："好！我答应你第二件。快说第三件吧！"

孟姜女说："第三件，我要逛三天大海。"

秦始皇说："这个容易！好，这三件都依你！"

秦始皇立刻派人给范喜良立碑、修坟，采购棺椁，准备孝服和招魄的白幡。出殡那天，范喜良的灵车在前，秦始皇紧跟在后，披着麻，戴着孝，真当了孝子了。赶到发丧完了，孟姜女跟秦始皇说："咱们游海去吧，游完好成亲。"秦始皇可真乐坏了。正美得不知如何是好，忽听"扑通"一声，孟姜女纵身跳海了！

秦始皇一见急了："快，快，赶快给我下海打捞。"

打捞的人刚一下海，大海便掀起了滔天大浪。打捞的人见势不妙，急忙上船。这大浪怎么来得这么巧呢？原来，龙王爷和龙女都同情孟姜女，一见她跳海，就赶紧把她接到龙宫。随后，命令虾兵蟹将掀起了狂风巨浪。秦始皇幸亏逃得快，要不就被卷到大海里去了。

后人为了纪念这代表中华民族的忠贞女性，特地为她修了一座庙，这就是开篇所说的那座贞女庙。

◎故事感悟

精诚所至，金石为开。孟姜女忠于爱情，感天动地，长城也被她哭倒了。故事虽是虚构的，但它表达的是人民对暴政的痛恨和对美好爱情的歌颂。

◎史海撷英

杞梁妻

据《左传·襄公二十三年》记载，周灵王二十二年（齐庄公四年，公元前550年）秋，齐庄公姜光伐卫、晋，一度夺取了卫国都城朝歌（今河南省淇县）。公元前549年，齐庄公从朝歌回师，没有返回齐都临淄，便突袭莒国（今山东莒县）。在袭莒的战斗中，齐国将领杞梁、华周英勇战死，为国捐躯。后来齐、莒讲和罢战，齐人载杞梁尸回临淄。杞梁妻哭迎丈夫的灵柩于郊外的道路。齐庄公派人吊唁。杞梁妻认为自己的丈夫有功于国，齐庄公派人在郊外吊唁，既缺乏诚意，又仓促草率，对烈士不够尊重，便回绝了齐庄公的郊外吊唁。后来，齐庄公亲自到杞梁家中吊唁，并把杞梁安葬在齐都郊外。

后人据此故事演义成孟姜女哭长城的故事。

◎文苑拾萃

贞女祠

贞女祠，坐落在秦皇岛市山海关区城东6.5公里处的望夫石村北凤凰山小丘陵之巅。1956年，被公布为河北省第一批重点文物保护单位。

整个景区由长阶、山门、神亭、前殿、后殿、望夫石、梳妆台、振衣亭、海眼、孟姜女苑等景点组成，布局合理，错落有致。庙宇四周林木葱郁，掩映着青砖红瓦，显得格外古朴清幽。

霸王垓下别虞姬

◎生当作人杰，死亦为鬼雄。至今思项羽，不肯过江
东。——李清照

> 项羽（公元前232—前202年），中国古代著名将领及政治人物。秦下相（今江苏省宿迁市宿城区）人。秦末时被楚怀王封为鲁公，在前207年的决定性战役巨鹿之战中统率楚军大破秦军。秦亡后自封"西楚霸王"，统治黄河及长江下游的梁楚九郡。后在楚汉战争中为汉高祖刘邦所败，在乌江（今安徽和县）自刎而死。

公元前202年，刘邦派陆贾去游说西楚霸王项羽，要求项羽放回他的父亲和妻子，并提议与项羽平分天下，以鸿沟为界。鸿沟以西归汉，鸿沟以东归楚。大将钟离昧、季布等劝项羽千万别上当。项羽不听，楚汉以鸿沟划界后，汉王刘邦却趁项羽不备，亲率士兵追击项羽，沿路不复耽延，一直追至固陵。韩信、彭越也发兵来夹击；淮南王英布进兵九江，招降了楚国的大司马周殷。三路大兵，陆续趋集在一处。项羽听说汉兵越集越多，粮草将尽，便想退回彭城，所以固陵之战虽然获胜仗，仍然不愿久留。楚军唯恐汉兵追袭，用了"步步为营"的兵法，依次退去。

拖延几日，好不容易到了垓下，遥听得后面鼓声马声呐喊声，响天彻地。满山遍野的汉兵差不多与蚂蚁相似，项羽手下将士尚有十万名左右，但这么多汉兵确实使他心悸不已。楚军就在垓下扎营连寨，准备对敌。

此时刘邦已会齐三十余万兵马，共至垓下，用韩信为大将，调度诸军。韩信富于谋略，他素知项羽骁勇，无人敢挡，便将各军分作十队，各派统将带领，分头埋伏，回环接应，请汉王守住大营，自率三万人挑战。项羽一

向相信自己的力量，全无一丝计谋，一听到敌兵逼营，立即怒马突出，迎敌汉军。

韩信且战且走，诱引项羽入了伏兵处，汉兵重重叠叠，排山倒海一般朝楚军压来。楚军将卒伤亡殆尽，项羽也力疲不支，渐渐地退却下来。谁知号炮一声，十面烟尘，一齐发出，都向项羽马前围裹拢来。战场上旌旗遍野，鼓角齐鸣。项羽后悔已来不及，他只得令大将钟离昧、季布断后，自己当先杀出一条血路，驰回垓下的楚军大营。

楚营十万锐卒，只剩得两三万残兵。项羽有一个宠姬虞氏，有飘若惊鸿之美，且知书识字，深得项羽宠爱。甚至项羽出兵打仗，也随车带着虞姬，可谓形影不离。此时虞姬正望眼欲穿地等候项羽归来。尽管项羽几乎每战必胜，但她心还是噗噗乱跳。及至项羽回营，虞姬见他形容委顿，神色仓皇，与往常的神采奕奕大不相同，也觉得十分惊异。待至项羽坐定，喘息稍平，虞姬问及战争情状。项羽黯然道："败了！"虞姬忙温存劝慰道："胜负乃兵家常事，不必忧劳，妾已略备酒菜，不妨小酌一杯。"言毕她嘱咐行厨，整备酒肴，请项羽上坐小饮。项羽已无心饮酒，但不忍拂虞姬的情意，就在席间坐下，虞姬旁坐相陪。虞姬笑语盈盈，为项羽宽心解烦。饮了三五杯，帐外军弁趋入，报称汉兵围营。项羽道："传谕将士，坚守勿动，待我明日再战！"

暮色很快笼罩了帐篷，昏黄的灯光摇曳在案几，项羽与虞姬并饮数觥，灯红酒绿，眉黛鬓青，平时对此情景，不知何等惬意，偏这夜心中有无限悲愁，越饮越愁，越愁越倦，顿时睡眼模糊。虞姬请项羽安卧榻中，休养精神。她坐守榻旁，心中忐忑，甚觉不宁。耳近又听得凄风飒飒，鼙栗呜呜，忽而似车驰马骤，忽而似鬼哭神号。当这一切沉寂下来时，隐约传来一片楚歌，传递进来。这歌声如怨如慕，如泣如诉，时高时低，时长时短。虞姬是个敏感的人，此时禁不住悲从心来，泪水止不住滑落。这么多年随项羽南北争战，她不觉得苦，反而分享着他的胜利，他的英雄气概，从他看她时无限柔情的眼光里得到回味与满足。项羽在历次战役中所向披靡的光荣经历，深深赢得了虞姬的爱慕，项羽成了她心目中最了不起的理想英雄；而项羽的这些胜利的取得，又怎能没有虞姬的一分爱情力量？然而在项羽称霸天下时他却失去了

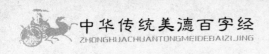
自己的方向，一个男人的厌倦也许只有他最心爱的女人才会深深体会。

此时项羽鼻息如雷，对外边的声响不闻不知。虞姬在一边柔肠百结，痛楚欲绝。外边歌声越来越响，仿佛从天际铺天盖地而来。虞姬听得多时，暗暗生出许多恐惧。究竟这歌声从何而来？原来是汉营中的韩信编出一曲楚歌，教军士至楚营外面四面唱和，以乱其军心。无句不哀，无字不惨，使那些楚兵怀念起遥远的家乡，一时间斗志全无，便在夜色掩护下陆续逃散。钟离昧、季布等跟随项羽多年的大将，也没了踪影。项羽季父项伯，悄悄地往投张良寻求庇护。单剩项羽亲兵八百骑，守住营门，未曾离叛。

项羽酒意已消，猛然醒悟。听到四面的楚歌，不禁惊疑，出帐细听，那歌声是从汉营传出，越加诧异："难道汉已尽得楚地么？为何汉营中有楚人如此之多呢？"再一看，将士皆已逃散，只有八百人尚存。项羽脸色煞白，大骇道："怎有这等急变？"当即返身入帐，见虞姬站立一旁，泪水已湿透了衣衫，也不由地泣泪数行。项羽在四面楚歌中知道军心涣散，大势已去。项羽提起壶中酒，拉着虞姬的手，再与共饮。饮尽数觥，便站起来做作道：

力拔山兮气盖世，时不利兮骓不逝。

骓不逝兮可奈何，虞兮虞兮奈若何！

项羽生平的爱幸，一是乌骓马，一是虞美人。此番被围垓下，已知大势已去，许多往事一齐涌上心头，因此悲歌慷慨，呜咽难过。虞姬在旁听着，已知项羽彻底丧失了斗志，也作歌应和道：

汉兵已略地，四面楚歌声。

大王意气尽，贱妾何聊生！

歌未吟罢，虞姬已是潸潸泪下。项羽听虞姬歌声，声情凄咽，不觉心伤，亦流下许多眼泪。左右侍臣，统皆情不自禁，悲泣失声而不忍抬头。忽然听到营中更鼓已击五下，项羽回头对虞姬道："天快亮了，我当冒死出围，你怎么办？"

虞姬道："妾蒙大王厚恩，追随至今，今亦当随去，生死相依；倘得归葬故土，死也甘心！"

项羽道："你这样的弱质女子，怎能出围？你可自寻生路，我大概要当与你长别了。"

虞姬突然拭泪起立，执项羽手道："贱妾生随大王，死亦随大王，愿大王前途保重！"说至此，就从项羽腰间拔出佩剑，向颈中一横，顿时血溅珠喉，一道香魂归于渺渺的天际。项羽相救已是来不及，只有抚尸痛哭，命左右掘地为墓，将虞姬尸体埋葬。

项羽乘上乌骓马，趁着天色尚黑的时候带了800骑，衔枚疾走，放弃楚营，悄悄地向南方遁去。天亮以后，刘邦闻讯，立即派五千骑兵追赶。项羽渡过淮河，只剩不足百人。在阴陵迷失了道路，陷进沼泽地带，被汉军追上。一番恶战，项羽只剩几个残兵了。

项羽冲出重围，跑到乌江边上，前面茫茫乌江，流水潺潺，后面滚滚追兵扬起的尘土。眼见走投无路，却正好乌江亭长，泊船在岸旁，乌江亭长见项羽踌躇，便敦促道："江东虽小，地方千里，尚足自王，现惟臣有一船，愿大王急渡！"项羽听了，笑对亭长说："天已亡我，我何必再渡！且籍与江东子弟八千人，渡江西行，今无一生还，纵使江东父老，见我生怜，再肯王我，我有何面目相见呢？"始终不肯过江。亭长不忍，屡次催促项羽上船，项羽叹道："我知公为忠厚长者，我无以为报，惟坐下的乌骓马，随我五年，日行千里，临阵无敌，今我不忍此马染血沙场，特地赠公，以为留念。"说毕跳下马来，将马牵付亭长。片刻之后追兵大至，项羽步行迎上，持短兵器杀死了几百汉兵，他身上也受了十多处伤。最后项羽力渐不支，用剑自刎，终年31岁。

◎故事感悟

项羽是一个英雄，盖世无双的英雄。中国的历史历来是"成则为王，败则为

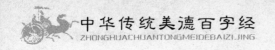

"寇"来评论历史人物的，但项羽例外，他败得那么惨烈，但依然是世代传颂的英雄。而他和虞姬的爱，更是前无古人，后无来者，极天绝地。

◎史海撷英

彭城之战

公元前205年4月，刘邦乘楚攻齐之际，由洛阳率诸侯兵56万东向攻占项羽的都城彭城（今江苏徐州）。刘邦获大捷，军中举行盛大宴会，饮酒贺功，收取财宝美人，疏于防范。项羽得知彭城失陷，立即率领精锐3万，由鲁出胡陵（今山东鱼台东南）到肖县（今江苏肖县西北），乘其不备，大破汉军，将汉军压迫于谷、泗、睢水地区，歼灭20余万人，收复彭城，掳去刘邦的父亲和夫人吕雉。刘邦仅率数十骑突围出奔下邑（今安徽砀山），收集残部，退守荥阳。

◎文苑拾萃

《孙子兵法》

《孙子兵法》又称《孙武兵法》、《吴孙子兵法》、《孙子兵书》、《孙武兵书》等。由春秋末年的齐国人孙武所著。全书共13篇。《计》讲的是庙算，即出兵前在庙堂上比较敌我的各种条件，估算战事胜负的可能性，并制订作战计划。这是全书的纲领。《作战》主要是庙算后的战争动员。《谋攻》是以智谋攻城，即不专用武力，而是采用各种手段使守敌投降。《形》、《势》讲决定战争胜负的两种基本因素："形"指具有客观、稳定、易见等性质的因素，如战斗力的强弱、战争的物质准备；"势"指主观、易变、带有偶然性的因素，如兵力的配置、士气的勇怯。《虚实》讲的是如何通过分散集结、包围迂回，造成预定会战地点上的我强敌劣，最后以多胜少。《军争》讲的是如何"以迂为直"、"以患为利"，夺取会战的先机之利。《九变》讲的是将军根据不同情况采取不同的战略战术。《行军》讲的是如何在行军中宿营和观察敌情。《地形》讲的是六种不同的作战地形及相应的战术要求。《九地》讲的是依"主客"形势和深入敌方的程度等划分的九种作战环境及相应的战术要求。《火攻》讲的是以火助攻。《用间》讲的是五种间谍的配合使用。书中的语言叙述简洁，内容富于哲理，是我国古代最重要的军事著作，对世界军事思想及对后来将帅统兵作战都具有重要的影响。

孔雀东南飞

◎落花人独立，微雨燕双飞。——晏几道

　　这里讲述的是东汉建安年间，才貌双全的刘兰芝和庐江小吏焦仲卿的爱情故事。他们结婚后，夫妻十分恩爱，感情很好，但焦母却专横暴戾，不喜欢这位儿媳妇，对刘兰芝百般刁难，要赶刘兰芝回娘家。

　　晚上，焦仲卿回来后，刘兰芝便已经泪流满面了。仲卿不知为何，便悉心询问。

　　刘兰芝将泪水拭去，缓缓说道："仲卿，我从17岁嫁到你家，一心一意要服侍你，把你母亲当做是我母亲侍奉，把你妹妹当做是我妹妹疼爱。满以为我能与你白头偕老，谁知道总是不得母亲喜欢。我鸡鸣即起，入夜才休息，三天织五匹布，母亲还嫌我手脚笨。我总让母亲烦恼，实在不贤不孝。请你请示母亲，让我回娘家去吧！"

　　焦仲卿吃了一惊，不明白妻子何出此言。见她双目红肿，知道问题严重，便说："兰芝，我明日就去和母亲说，让母亲留下你，让她好好待你。"

　　次日一早，焦仲卿匆匆上堂拜见母亲，深施一礼，说道："我是一副薄命相，但还娶了这样的好妻子。结发夫妻很不容易，到死也要作伴。我和她一起生活才只两三年，事件并不长，她行为没有什么不正当的地方，你为什么不喜欢她呢？"

　　焦母一脸不高兴地说："你这个人怎么没有见识。这个女人没有礼貌，什么事都自作主张，眼里根本就没有我这个婆婆。我早就满肚子气愤了，你还来替她说话。我们邻居有一个非常好的女孩子，就像古代秦罗敷一样，相貌出众，惹人怜爱。我打算替你向她求亲。你要把刘兰芝赶走，千万不能留。"

焦仲卿扑通一声跪了下去，说道："我与兰芝恩恩爱爱，共同在母亲膝前尽孝，她犯了什么错？若要休她，孩儿终身不娶！"

焦母拍着凳子喝道："你胆敢帮她说话，眼里还有没有我这个娘了！马上就把她送出门去，让她回娘家，快去！"

焦仲卿苦苦哀求，焦母勃然大怒。焦仲卿是个孝子，不敢违背母亲，只得回房去。他的心都要碎了。

刘兰芝见焦仲卿一脸痛苦的表情，便什么都明白了。她轻轻地走了过去，微微笑道："仲卿，我都知道了。我问心无愧，却遭休弃，这是我没福。只是这一走，我就回不来了。"

焦仲卿心如刀割，哽咽道："兰芝，不是我赶你，是母亲逼的。你先回去，记着，我一定会再接你回来的。现在你就先委屈一下，千万不要不听我的话啊！"

焦仲卿送刘兰芝回到娘家，临别时，焦仲卿说："兰芝，我决不负你。你等着，我一定会去接你！我对天起誓，绝不辜负你。"

刘兰芝见焦仲卿态度坚定，知道他说的是真心话，就流泪说："我感激你的深情厚意，既然你不遗弃我，希望你快快来接我。你应该像磐石一样，我要做蒲草；蒲草坚韧不断，磐石巨大稳重，不会转移。"

两个人流泪对语，难舍难分，但最后还是不得不分开。

刘兰芝回娘家后，慕名求婚者接踵而至。

有一天，县令替儿子求婚，刘兰芝断然拒绝了。后来，太守又派人替儿子来提亲，妈妈动心了。刘兰芝对妈妈说："我与仲卿有约，誓不相负。"

刘兰芝的哥哥听到了这件事，心里烦躁起来，开口对妹妹说："你也不想想，第一次嫁的不过是府里小吏，现在你出嫁的可是府里的少爷。两相比较，好坏的差别就像天和地。你嫁了太守少爷，多么的荣耀！这样好的对象你不嫁，那往后的日子你打算怎么过呢？"

兰芝抬起头说："按照道理，哥哥的话是对的。我辞别家人嫁到丈夫家，现在中途又回到哥哥家，回来以后，怎么打算都要依照哥哥的意思，哪由得我自己做主呢？虽然我和仲卿有过誓言，但那恐怕永远也不会实现。你如果一定要我再嫁，那你就答应太守吧。"

婚期前一天，焦仲卿闻讯赶来。二人两眼相望，心中说不出的惆怅悲伤！

兰芝悲痛欲绝地说："自从您离开我以后，人事变化无法估计，这事完全违背我们先前的愿望，详细的情况你也不了解。总之我有父母兄长，他们逼着我，把我许配给了别人，您回来还有什么希望呢？"

仲卿声音颤抖："我祝贺你高攀太守公子了！我这块磐石方且厚，可以直到千年也不变，可你这条蒲草一时坚韧，很快就断开了。你当会一天比一天高贵，我只好孤零零的走向黄泉。"

兰芝急了："你为什么这么讲话？我们同样是受到逼迫，你痛苦我也伤心。你说要走向黄泉，那我们就黄泉下相见吧，千万不要违背今天这个誓言了！"

就在太守迎娶刘兰芝的前一天晚上，兰芝便纵身跳进清清的池水里自尽了。与兰芝分别后，仲卿回到家中，叩别了母亲，在庭前树下自缢而死！

◎故事感悟

今生的约定，今生不能实现，来世也要与你相守！世间的夫妻，有多少能像仲卿兰芝一般，生死相许呢？

◎文苑拾萃

《孔雀东南飞》

《孔雀东南飞》是我国文学史上第一部长篇叙事诗，沈归愚称为"古今第一

首长诗"，因此它也被称为我国古代史上最长的一部叙事诗，是我国古代民间文学中的光辉诗篇之一。《孔雀东南飞》与南北朝的《木兰辞》并称"乐府双璧"及"叙事诗双璧"。

崔护题诗得佳偶

◎今年花胜去年红，可惜明年花更好，知于谁同。——欧阳修

崔护（生卒年不详），唐代诗人。字殷功，博陵（今河北安平县）人。贞元十二年（796）进士及第。大和三年（829）为京兆尹，同年为御史大夫、岭南节度使。终岭南节度使。其诗诗风精练婉丽，语极清新。《全唐诗》存诗六首，皆是佳作，尤以《题都城南庄》流传最广，脍炙人口。

崔护是唐德宗时的一位书生，出身于书香世家，心地善良，天资聪颖，平日埋头读书，极少与人交往，即使偶尔出游，也喜欢独来独往。

这年清明节，桃红柳绿，蝶舞蜂飞，清风拂面，春气袭人。崔护放下书本，兴致勃勃地独自步行出城。一路上江山如画，美不胜收，不知不觉来到都城南庄。走着走着，崔护忽然觉得有些腿酸口渴，想找个地方歇歇脚，讨些水喝。他举目四望，见不远的山坳处，一片桃林中露出茅屋一角，于是加快脚步朝山坳走去。

桃林深处有一竹篱围成的小院，院中有茅屋三间，虽然简陋，却很齐整。崔护心想："定有高人隐居于此。"走近柴门，崔护高声呼道："小生踏青至此，想讨些水喝！"他想出来开门的必然是一位白发老翁，谁知吱呀一声，篱门打开，走出来的却是一位妙龄少女，布衣淡妆，眉目间透出一股清雅脱俗的风韵。

崔护正惊讶间，少女见他相貌端庄，并无恶意，就殷勤地将他引入草堂，

然后去厨下张罗茶水。崔护打量四周，见室内窗明几净，一尘不染，书架上置满诗书，桌上放着笔砚。崔护想，深山之中真有隐者，这茅舍的主人是做什么的呢？

这时，少女托着茶盘从厨房中走出来，落落大方地走到崔护跟前，轻轻地说："相公，请用茶。"崔护礼貌地接过茶杯，轻轻地呷了一口茶水，先镇定一下自己，然后介绍了自己的姓氏和乡里，又十分客气地叩问少女的姓氏及家人情况。

少女淡淡地说："小字绛娘，随父亲隐居于此。"接着，她就含羞不语了。她偶尔用含情脉脉的目光向崔护一瞥，一碰到崔护的目光就迅速收回，羞怯地望着自己的脚尖，显出一副楚楚动人的样子。见少女举止失措，崔护不知如何是好。他饱读圣贤之书，不可能做出轻浮的举动。彼此都深深地被对方吸引着，只是难于启齿。

太阳快落山了，崔护只好起身，恳切地道谢后，恋恋不舍地向少女告别。少女把崔护送出院门，默默地目送他渐渐走远。崔护不时地回头张望，见少女面如桃花，映着门前艳红的桃花，真是美若天仙。

自从崔护走后，绛娘对他一直念念不忘，翩翩少年的影子日夜盘桓在她的脑海中，让她朝思暮想，魂牵梦萦。

崔护回到家中，一想起绛娘就浑身是劲，日夜苦读。久之，他觉得绛娘好像就在他身边，日夜在陪伴着他。转眼到了第二年春天，清明节这天，崔护说什么也坐不住了，好像有人推着他似的，吃完早饭就出城了。一路上，崔护身轻如燕，走进桃林，远远地就喊："绛娘！绛娘！"不料，走近茅舍一看，门上挂着一把铜锁，原来房中无人。崔护的心凉透了，于是取出笔墨，在门上题诗一首。

崔护城南访旧，未见到绛娘，大失所望，怅然而归。回家后一直静不下心，寝食不安，根本无心读书了。数日之后，他再度到城南寻访。这次，他刚走近桃林，就听到茅舍中传出一阵阵哭声，崔护心头一紧，三步并作两步，连忙赶到茅舍前高声询问。此时，一位白发苍苍的老汉颤颤巍巍地走了出来，上下打量着崔护问道："你是崔护吧？"

崔护点头说："晚生正是崔护。"

老汉一听，悲从中来，哭着说："你杀了我的女儿了！"

崔护莫名其妙，急忙问道："这话从何谈起？"

老汉哽咽道："小女绛娘，年方十八，知书达理，待字闺中。自从去年清明见了你，日夜牵肠挂肚，总说你是有情人，必定再度来访。她等了一天又一天，春去秋来，总不见你的踪影。她朝思暮想，怏怏成病。前几天到亲戚家小住养病，归来见了你题的诗，恨自己错失良机，以为今生不能再见到你，因此不食不语，眼见一病不起了。我已老了，只有这个女儿相依为命，之所以迟迟不嫁，是想觅一佳婿，好有所依靠。现在绛娘就要先我而去，这不是你杀了她吗？"

听了这番哭诉，崔护五雷轰顶，不想绛娘对自己这样钟情。他冲进茅屋，大喊道："绛娘若死，晚生也不愿偷生了！"崔护抱着刚断气的绛娘声嘶力竭地呼喊："绛娘慢走一步，崔护随你而来了。"崔护一边拼命地摇着绛娘，一边声嘶力竭地哭喊。不料，绛娘竟慢慢苏醒过来了。老汉惊喜万分，急忙备好米浆，慢慢给绛娘喂下。这样，多情的绛娘居然从黄泉路上回来了。

崔护回家禀明父母，父母十分体谅他们。见他们一片真情，立即依礼行聘，择吉日将绛娘娶进门。绛娘的父亲也经崔家妥善安置，得以颐养天年。

原来，老汉曾经在朝中做官，因为秉公办案，得罪了权贵，所以才辞官隐居。

绛娘情深意厚，贤淑美艳；崔护聪明好学，为人正直。两人真是天设一对，地造一双。

唐德宗贞元十二年，崔护进京考中进士，官至岭南节度使。

在绛娘的辅佐下，崔护为官清正，政绩卓著，深受百姓爱戴。两人相亲相爱，白头偕老，成为一段动人的爱情佳话。

◎故事感悟

爱情相信姻缘注定，但因诗得佳偶，世上恐怕为数不多！

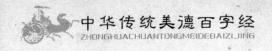
◎史海撷英

泾师之变

唐建中二年（781年）正月，河北成德镇（驻守恒州，今河北正定）节度使李宝臣病死。按照以往藩镇节度使死后将职位和土地传给子孙的规矩，他的儿子李惟岳上表请求继承父位。唐德宗李适早想革除藩镇父子相传、不听命朝廷的弊端，坚决拒绝了这一要求。魏博节度使田悦、淄青节度使李正己、山南节度使梁崇义为了他们共同的利益和李惟岳密谋联手，准备以武力抗拒朝廷。德宗征调京西防秋兵万余人戍守关东，并亲自在长安设宴犒劳征讨兵马，打响了武力削藩的战役，并在最初阶段取得了巨大成果。淄青李正己病死后，他的儿子李纳被打得大败，李惟岳被其部将王武俊杀死，只有田悦在魏州负隅顽抗。成德镇的大将张忠和投降，德宗任命他为成德节度使。但是，德宗在削藩过程中，利用藩镇打藩镇，导致了参与朝廷削藩战役的幽州节度使朱滔等人的不满。结果，形势发生逆转。建中三年（782年）底，卢龙节度使朱滔自称冀王、成德王武俊称赵王、淄青李纳称齐王、魏博田悦称魏王，"四镇"以朱滔为盟主，联合对抗朝廷。

同时，淮西节度使李希烈也自称天下都元帅、太尉、建兴王（不久又称楚帝），与四镇勾结反叛。战火一下从河北蔓延到河南，而且东都告急。建中四年（783年）十月，德宗准备调往淮西前线平叛的泾原兵马途经长安时，因为没有得到梦寐以求的赏赐，加上供应的饭菜又都是糙米和素菜，士兵发生了叛变。这就是唐代历史上著名的"泾师之变"。

◎文苑拾萃

题都城南庄

去年今日此门中，人面桃花相映红。

人面不知何处去，桃花依旧笑春风。